用文字記會內心
用文字迎接幸福

刘主编

写作疗愈

用写作赶走
焦虑、拖延症、坏情绪

刘主编　蓝橙　————　著

人民邮电出版社

北京

图书在版编目（CIP）数据

写作疗愈：用写作赶走焦虑、拖延症、坏情绪 / 刘主编，蓝橙著. -- 北京：人民邮电出版社，2022.2
ISBN 978-7-115-57670-5

Ⅰ．①写… Ⅱ．①刘… ②蓝… Ⅲ．①写作－应用－心理调节－通俗读物 Ⅳ．①H05-49②R395.6-49

中国版本图书馆CIP数据核字(2021)第209548号

内 容 提 要

本书避开了复杂的写作疗愈理论，采用小故事的形式，告诉读者如何利用写作解决心理问题。从第二章开始，每一节的结尾都设有"写作创可贴"栏目——结合心理学理论概括该节的"疗愈要点"。

本书是写作疗愈的入门书，共七章内容，分别介绍了写作疗愈是什么，写作疗愈有哪些关键词，写作疗愈的常用方法，以及如何通过写作改善自我认知、缓解压力、对抗坏情绪和发现更美的人生风景。在全书最后的"写作魔法盒"中，提供了 100 个写作疗愈锦囊，供读者练习。

本书适合对写作感兴趣的读者、希望通过写作给自己解压的读者，以及对写作疗愈、叙事疗法和心理疗愈感兴趣的读者阅读。

◆ 著　　刘主编　蓝橙
　　责任编辑　牟桂玲
　　责任印制　王　郁　彭志环

◆ 人民邮电出版社出版发行　北京市丰台区成寿寺路 11 号
　　邮编　100164　电子邮件　315@ptpress.com.cn
　　网址　https://www.ptpress.com.cn
　　北京博海升彩色印刷有限公司印刷

◆ 开本：700×1000　1/16
　　印张：16.5　　　　　　　　2022 年 2 月第 1 版
　　字数：249 千字　　　　　　2022 年 2 月北京第 1 次印刷

定价：79.90 元

读者服务热线：(010)81055410　印装质量热线：(010)81055316
反盗版热线：(010)81055315
广告经营许可证：京东市监广登字 20170147 号

引子

何以解忧，唯有写作

现如今，越来越多的人开始注重心理健康，但关于什么是心理健康，没有几个人能说得清楚。

有人说"开心快乐就是心理健康"，也有人说"没有烦心事就是心理健康"，还有人说"积极向上就是心理健康"。这些说法好像都有失偏颇，没有谁能一辈子不遇到烦心事，重要的是遇到烦心事后要能快速有效地从烦恼中走出来。真正的心理健康不是心理不生病，而是能像强健的身体一样，有抵抗疾病的能力，以及在生病之后有快速恢复的能力。

如何才能拥有强健的心理素质？换句话说，如何才能在问题面前保持心态平和，并能在出现问题之后快速复原呢？

其实，写作是一种维持心理健康的好办法。我们可能都有这样的体会——遇到解决不了的问题或者心情特别不好的时候，写写东西就能有效地舒缓情绪。

通过写作改变心理状态的方法称为写作疗愈，在国外也有人称它为"疗愈写作"或"写作禅"。疗愈不一定是疗愈疾病，很多人可能还远没有到生病的地步，它更像是对自身情绪和心理状态的管理——通过写作让自己想得开一点儿、活得快乐一点儿、变得好一点儿、过得幸福一点儿。如果通过写作能增加这四个"一点儿",那写作疗愈的目的就达到了。

写作疗愈的原理其实很简单。首先,写作就是一种倾诉。倾诉让压力得以排解,而且写作是不需要听众的文字倾诉,它简单易行,几乎不需要依赖任何条件。其次,写作是一种思维活动,思考会帮助你解决难题。很多人遇到想不通的问题时,边写边想,最后就能找到答案,所以写作疗愈其实是解决问题后的释然。最后,写作是一种超脱,让人从关注内在升华转移到关注外部世界,从而在一个更高的维度解决问题,并最终获得内心的宁静和幸福。

以上这些原理都是心理学家要研究的问题,对普通人来说,想要让写作在自己身上起到疗愈作用非常容易,只需要做到九个字,那就是"闭上嘴,现在就开始写"。

写作并不难,别担心自己写不出来。最伟大的作家也不是想好了每一个字之后才开始动笔的。只有写下第一句才会有第二句,写完第一段才会有第二段,只要开始写,你的大脑就会给你指引,让你把内心深处的东西源源不断地倾倒出来。

通过写作倾倒出来的可能有你的困惑、思考,也可能有你过去的回忆、压抑,还可能有你心里的烦躁、不安等。总之,不管倒出来什么,都请你把这些东西归归类,把好的留下来,把坏的扔掉,把有问题的修理一下,把幸福甜蜜的封存起来,这样你的心就整洁了,你也就得到了疗愈。写作疗愈就是这么简单。

本书一共讲述了28个跟疗愈有关的故事。故事的主人公和我们一样,都是这个社会中的普通人。不过有趣的是,他们每个人身上都有一个标签,如"总是感到孤独的如新""没有安全感的维鑫""有重度拖延症的湘琪""不开心的成亦"等。他们或许恰好跟你面临同样的问题,或者跟某个阶段的你很像,所以看他们的故事就好像在照镜子——你可以透过文字看到自己的样子。你一定也很好奇,他们的故事是如何发展的呢?他们又是怎么借文字的力量来疗愈自己的呢?

这就是本书的秘密和乐趣所在。你可以把它当作一本故事集来读,这是一本28个人故事的合集;你也可以把它当作日记来读,这28个人一边述说自己的遭遇,一边写日记;当然,你也可以把自己代入进去,把本书当成教科书来读,想一想他们所用的那些方法能不能用到你自己身上,那些对他们有用的写作模式能不能为你所用,帮你解决问题。

从第二章开始,每个故事后面都附有一个写作题目(写作疗愈练习),如果你愿意,欢迎你趁热打铁,写出自己的文章。其实只要开始动笔,你就超越了大部分读者,也就真正开启了自己的写作疗愈之旅。另外,在本书的最后,有一个"写作魔法盒",把书看完之后,你可以打开这个"魔法盒",它将会带给你很多惊喜。

有人问,既然是写作疗愈,那写作是一种药吗?不,它不是药,所以如果你已经罹患了重度心理疾病,还是要去专业的医院找医生诊疗。写作疗愈更像是一种高品质的营养品——如果你一切安好,它能增强你的免疫力;如果你恰好比较虚弱,它能强身健体;如果你正处于亚健康状态,它能增强你的机体活力。写作疗愈最大的特点是无毒、无害、无副作用。当然,它还有一个最大的优点——免费,因为写作几乎是不用花钱的。学会写作疗愈的方法，其实就相当于学会了一种低成本的自我心理保健的方法。

现在，随着观念的进步，很多人把高品质的生活状态理解为身心健康。身心健康包括两方面：一是身体健康，二是心理健康。身体健康很好懂，简单理解就是不生病、有活力；而心理健康是个新概念，简单来说就是要保持心态平和，常怀喜乐之心。身体健康大家比较熟悉，实现的方法也比较多；心理健康大家刚刚开始关注，还缺乏深入的研究和行之有效的实现方法。而写作疗愈作用于心理，是一种维持心理健康的有效方法。

身心健康是幸福的保障，愿你关注身体健康的同时也善待自己的内心，收获幸福人生。

何以解忧？唯有写作！

目 录

第一章
什么是写作疗愈

第一节　解铃还须系铃人
一、失眠的小玉　2
二、找到负面情绪的根本症结　3
三、通过写作摆脱负面情绪　5

第二节　写作疗愈就是抱怨和吐苦水吗
一、骂自己的张瑛　7
二、为什么写作起了"副作用"　8
三、怎样写才能让自己得到疗愈　9

第三节　从叙事疗法到写作疗愈
一、回忆过去的欣然　10
二、为什么"祥林嫂"们喜欢重复讲述同一个故事　11
三、让写作成为自己的叙事疗法　13

第四节　写作可以解决所有的心理问题吗
一、被重病困扰的晓蓓　15
二、为什么晓蓓不能用写作疗愈自己　16

第二章
写作疗愈的四个关键词

第一节　书写即疗愈

一、睡不着觉的宛如　19

二、靠写作寻找答案　20

三、写作，让一切水落石出　21

划重点　不安的时候，就开始写作　24

写作疗愈练习 1　写下第一篇个人疗愈日记　25

第二节　完成即疗愈

一、半吊子小姐珊妮　26

二、完成是一种仪式　27

三、善始善终才是完美的计划　28

划重点　写完就"好了"　31

写作疗愈练习 2　写一写你的特长或者兴趣　32

第三节　直面即疗愈

一、没有安全感的维鑫　33

二、压力只会越积越多　34

三、越逃避，越麻烦　37

划重点　写下来就不怕了　40

写作疗愈练习 3　来吧，我不再害怕　41

第四节　社群即疗愈

一、孤岛上的小玲　42

二、一次特别的分享会　43

三、陪伴是最长情的告白　45

划重点　一滴水在大海里才不会干涸　48

写作疗愈练习 4　其实这并没有什么大不了的　49

疗愈加油站　用写作让自己恢复平静

第三章
写作疗愈的方法

第一节　用"我"的视角观察问题

一、疲惫的小巩　56

二、"我"的感受，是最真实的感受　58

三、"我"的问题，就是现在面临的所有问题　59

划重点　写作疗愈方法1——学会用"我"开头　62

写作疗愈练习 5　写出你所经历的喜怒哀乐　63

第二节　用"你"的口气和自己对话

一、骂自己的雪菲　64

二、"你"到底是怎么回事　65

三、"你"对这个问题怎么看　67

划重点　写作疗愈方法2——学会把自己当成旁观者　70

写作疗愈练习 6　最近你过得怎么样　71

第三节　自问自答，做自己的人生导师

一、钻牛角尖的如梦　72

二、环环相扣的自我提问　73

三、势如破竹的疗愈问题清单　74

划重点　写作疗愈方法3——自问自答，自我疗愈　78

写作疗愈练习 7　制作一份"我的问题清单"　79

第四节　内心的"小孩",可以一直陪你到老
一、噩梦缠身的娟子　80
二、用对话解开心结　81
三、去童年回忆里找答案　82
划重点　写作疗愈方法4——跟过去和解　85
写作疗愈练习 8　写一篇以"我的妈妈"为题的命题作文　86

疗愈加油站　如何正确地给自己做心理咨询

第四章
用写作认清自己

第一节　为什么越长大越孤单
一、总是感到孤独的如新　93
二、渴望被关心　95
三、你真的了解自己吗　96
划重点　去认识那个最熟悉的陌生人　99
写作疗愈练习 9　以"我"为主题写一篇文章　100

第二节　没有目标的日子好可怕
一、没有方向和目标的木木　101
二、茫然,是将错就错的根源　102
三、没有什么比写作更能使自己看清自己　104
划重点　有目标,人生才有奔头　107

写作疗愈练习 10 "我的最爱"到底是什么 108

第三节 为什么越亲密越伤人
一、家强的"暴躁症" 109
二、吵架只会让事情更糟糕 110
三、了解自己比了解对方更重要 113
划重点 为什么你控制不住自己的脾气 115
写作疗愈练习 11 写出你想对某人说的话 116

第四节 我是独一无二的吗
一、总是为他人着想的方圆 117
二、人存在的意义是什么,这是永恒的难题 118
三、将目光投向自己,你也很值得自己付出 119
划重点 "好人"一定有好报吗 123
写作疗愈练习 12 你对"付出感"怎么看 124

疗愈加油站 没有什么比了解自己更重要

第五章
用写作缓解压力

第一节 克服拖延症的写作
一、有重度拖延症的湘琪 132
二、拖延只会让事情越来越糟糕 134
三、乱了阵脚,只因为没有分清主次 135
划重点 通过写作找回初心 138
写作疗愈练习 13 给自己列一个三个月计划 139

第二节　消除紧张感的写作

一、害怕真相的大泳　140

二、写作是他的"树洞"　140

三、写出来就不疼了　142

划重点　真实情况也许没有想象中的那么可怕　145

写作疗愈练习 14　人生中最大的一次挫折　146

第三节　释放压力的写作

一、悲观厌世的宗朴　147

二、没有比文字更好的听众　148

三、神奇的写作减压术　150

划重点　动嘴不如动笔　153

写作疗愈练习 15　我如何度过倒霉的一天　154

第四节　解决问题的写作

一、难受就去写作的永慧　155

二、用写作寻找答案　156

三、写作，让一切水落石出　158

划重点　不安的时候，就坐下来写作　161

写作疗愈练习 16　把一直困扰你的问题写出来　162

疗愈加油站　开始写吧，文字有神奇的疗愈力量

第六章
用写作对抗坏情绪

第一节　换一种方式吐槽

一、永远活在抱怨中的小云　169

二、抱怨是"精神鸦片"　170

三、用文字抱怨，我打赌你写不满500个字　172

划重点　找到抱怨背后的症结　175

写作疗愈练习 17　我转念一想　176

第二节　即使其他事都失败，至少这件事会成功

一、没有信心的小兰　177

二、完成比完美更重要　178

三、是过去的失败让你越来越不自信　179

划重点　用写作的成就感给自己打气　182

写作疗愈练习 18　想做却一直没有做的事　183

第三节　感动是一种高级的能量

一、以泪洗面的宝亭　184

二、点滴生活，皆有感动　185

三、感慨—感动—感恩，情绪的能量升级　187

划重点　用写作去感知更高级的感情　189

写作疗愈练习 19　那一次，我被感动了　190

第四节　笑，是疗愈一切的良药

一、不开心的成亦　191

二、对抗坏情绪，拯救不开心　192

三、建一个储蓄快乐的"开心银行"　193

划重点　让自己的账户上总有"快乐余额"　196

写作疗愈练习 20　一想到他（它），我就开心　197

疗愈加油站　写作疗愈是调节情绪的好帮手

第七章
用写作找回开心

第一节 做生活中的有心人,发现更多乐趣

一、被催婚的小尼　204

二、用写作转移注意力　205

三、生活是最棒的写作素材库　206

划重点　换个角度天地宽　211

写作疗愈练习 21　一件小事中的大道理　212

第二节　回忆,是带着翅膀的天使

一、错过买房时机的陈思　213

二、回忆,找到心灵的慰藉　214

三、写作,积蓄从头再来的力量　217

划重点　只有珍惜过往,才能活在当下　219

写作疗愈练习 22　回忆童年　220

第三节　展开想象,赋予虚构的人物生命

一、抓住一切机会写作的宇飞　221

二、写故事,写下的是对自己的期待　222

三、写别人,代入的是自己的生活　223

划重点　虚构一个跟自己有关的故事　227

写作疗愈练习 23　续写宇飞没有完成的故事　228

第四节　别人的故事里,满满的都是自己的影子

一、有酒有故事的琼花　229

二、故事接龙，随心出发　229

三、设置情节，安排别人的人生　231

划重点　用别人的故事，解决自己的问题　234

写作疗愈练习 24　续写张敏的故事　235

疗愈加油站　由外向内，再由内向外

写作魔法盒
100个写作疗愈锦囊

后记
写作疗愈之旅，你自己就是那个摆渡人

第一章

现代社会竞争激烈,人们的压力也越来越大,一些人需要通过某种外在方式来疗愈自己,如医生诊疗、药物辅助治疗等。其实解铃还须系铃人,最好的"药物"就是自我对话、自我疗愈,而你完全可以写出治愈自己的文字。

第一章

什么是写作疗愈

这个世界上最了解你的人是你自己。倾听内心的声音,用语言和文字抚慰自己,这就是最好的疗愈。用写作跟自己对话,找到从坏情绪中解脱的方法。

第一节　解铃还须系铃人

一、失眠的小玉

小玉失眠了,整整一夜没睡着!

这一夜,每次看手机,时间都往前挪动一点儿,1:50,2:30,3:45,4:10,5:20……小玉不知道是期待天亮还是害怕天亮。

她在微信朋友圈写道:"凌晨5:00的阳光,好刺眼!"

原来,比起失业的痛苦,失眠的煎熬还要可怕100倍。

天亮了,外面的街道开始喧闹起来。小玉的脑袋昏昏沉沉的,她不知道该起来还是继续躺在床上。她的脑袋里乱糟糟地闪现各种画面：单位的裁员通知，最后交接的画面，几个朋友的散伙饭……

当然，还有一些她想不出结果的事：找什么工作？房贷怎么办？什么时候结婚？她甚至想到单位有个同事曾经找她借过200元钱，一直没还，现在她离职了，更不可能把这个钱要回来了。想到这里，她突然觉得胸闷，也不知道是因为一夜没睡，还是因为这永远要不回来的200元钱。

为什么？为什么自己这么倒霉？小玉望着天花板，深深地叹了一口气。

二、找到负面情绪的根本症结

生活不可能一帆风顺，谁都会遇到烦心事，尤其是在现代社会，生活节奏快、人的压力大、世界变化多，人们每天都要接收大量的信息、处理大量的问题。这些信息和问题多种多样：有些是正面的，如事业成功、升职加薪、亲人重逢；有些是负面的，如失业、赔钱、亲人离去。面对正面的信息，人们会感到轻松、愉悦；面对负面的信息，人们会感到难过、纠结和痛苦。

好在人具备调节情绪的能力，轻松愉悦时当然不会有什么问题，即便遇到令人痛苦、纠结的情况，过个一两天也就好了。这就好像许多人得了感冒，即使不吃药，靠身体的抵抗力也能扛过去。但有时候，当我们遇到一些比较重大的问题，或者经历了比较大的人生起伏，情绪就不那么容易调节了。我们可能都有过这样的体验：明明事情已经过去好几天了，自己还陷在某种负面情绪里；或者因为某件事，自己被彻底击垮了，从此一蹶不振。就像案例中的小玉，失业对她的打击太大了,所以她感到焦虑、痛苦,而这种情绪让她整夜睡不着觉,这反过来又加剧了她的焦虑。在这样的恶性循环中,她显得茫然不知所措。

遇到这种情况,我们该怎么办呢?有人说:"这是吃饱了撑的,没事找事。"事实上,这绝不是没事找事,心理危机若不及时干预,会带来极大的安全隐患,很多人甚至因此做出傻事。也有人说:"顺其自然就好,时间会解决一切问题。"在正常情况下,时间的确可以解决情绪问题,但像小玉这种情况,时间反而成了她的敌人,拖得越久,她越痛苦。

那么小玉究竟该怎么办?我们又应该如何处理这种突如其来的情绪问题?

知乎上有一个帖子,题为"如何控制负面情绪",这个帖子已经有1400多条留言了。其中不少留言获得了上万次点赞。大家分享了很多控制负面情绪的方法。比如,有人靠吃东西缓解负面情绪,有人靠熬夜缓解负面情绪,也有人靠购物、跑步、看书等方法让自己从负面情绪中走出来。总之,为了让自己的身心与外部环境达到平衡,人们想出了各种应对办法。但这些办法都有一个共同的特征:它们都希望借助某种外力让自己好起来。很少有人问自己:"我到底怎么了?""我到底需要什么?"

你到底需要什么呢?若你问一个深陷负面情绪的人他到底需要什么,你可能问不出答案。因为他只知道自己有问题,但并不知道如何才能找到出口摆脱困境。有人把陷入负面情绪比喻成进入一个黑洞——这个洞里漆黑一片,伸手不见五指,你不知道自己身处何方,也不知道要走向哪里，你被无边的黑暗吞噬，感到无能为力。

中国有句老话叫"解铃还须系铃人"，其实很多负面情绪和心理问题的始作俑者不是别人，也不是环境，而是我们自己。很多时候，我们抱怨自己运气不好遇上倒霉事，所以情绪才出了问题，但仔细想想看，带给我们麻烦的到底是"倒霉的事"，还是"对倒霉的事的理解"？为什么同样是遇上倒霉的事，别人的情绪就没有出大问题呢？如案例中的情况，这个世界上每天都有人失业，为什么有的人就能平静对待，而小玉就濒临崩溃？这到底是失业的问题还是小玉自身的问题？虽然这样的质问显得很残酷，但是它也许能帮我们找到问题的根本症结。

三、通过写作摆脱负面情绪

其实道理不难理解，问题是应该怎么做。摆脱负面情绪需要从两个方面入手。首先要治标，先改变负面情绪带来的消极状态。不开心的时候，要让自己快速开心起来；忧郁的时候，要让自己快速乐观起来；焦虑的时候，要让自己快速放松下来。其次要治本，要从根本上找出焦虑的原因，从源头解决问题。案例中，小玉因为失业而感到焦虑，那她就应该好好分析一下自己为什么会失业，以及接下来自己应该做点什么才能改变现状。

怎样才能治标又治本呢？写作其实是一个好方法。这里的写作不是写命题作文，而是通过写作这个举动缓解自己的负面情绪，以及通过写作的具体内容寻求解决问题的办法。

讲到这里，很多人可能还不理解为什么写作能缓解负面情绪。在一些人看来，写作是一件复杂且困难的事情，自己过去每次写作文都急得抓耳挠腮，这明明是给自己制造麻烦，怎么可能让自己放松身心并摆脱负面情绪呢？

有这种想法很正常，过去我们对写作的理解特别有限，除了在学校会写作文，平时我们没有太多跟写作打交道的机会，更不会觉得它有什么具体的作用。写作其实是我们对内、对外交流的工具——对内，通过写作我们可以进行自我对话；对外，写作的内容可以代表自己跟他人沟通。掌握写作这个工具，不但可以让我们的工作更加高效，也可以让我们的生活更加便利。

至于写作的疗愈作用，其实是写作通过两个层面作用于一个人的内心，从而发挥改善情绪、解决问题的功效。

首先，写作本身可以让人快速平静下来。通过写作，我们可以倾诉心中的烦闷，可以理清思路，也可以让自己的情感得到升华，这些都有助于陷入负面情绪的人快速回归正常状态。我们可能都有过这样的体会：心烦意乱的时候，把烦心事写下来，压在心里的石头好像就消失了。这就是写作带来的好处，而这也对应着之前说的治标——先解决表层的情绪问题。

其次，写作有辅助思考的作用。我们并不需要想清楚所有的事之后才动笔，而是边写边思考。写作的时候，我们可以从客观描述问题入手，不夸大问题，也不回避矛盾，然后结合自己的情况进行分析，最后找出现有条件下解决问题的最好办法。这一整套思考流程对应着之前提到的治本——彻底解决负面情绪背后的核心问题。

这样的写作，我们称为疗愈写作，它和我们之前在学校接触到的应试写作不一样。应试写作是写给别人看的，是针对某个话题进行的文字阐述；而解决负面情绪的疗愈写作是写给自己看的，它让你关注自己的内心世界。当你开始用写作描述、分析、交流，甚至借助故事投射自己内在情感的时候，你就会发现，过去惹人烦的写作，居然是一个疗愈内心的好方法。

解铃还须系铃人。当我们开始用写作的方式跟自己对话时，过去那些淤塞的情绪就有可能得到疏通。人是很聪明的动物，在负面情绪的沼泽里，人有自救的本能，而疗愈写作就是你的自救工具。

第二节　写作疗愈就是抱怨和吐苦水吗

一、骂自己的张瑛

太烦了，我简直就是个废物，我想我一定是脑袋进水了才会做出这样的决定……

张瑛在日记本上写下这段话，好像骂自己骂得越狠，就越能让她觉得解脱。

半年前，张瑛和朋友一起投资开了一家酒吧。张瑛投了60万元，这里头有她这两年的积蓄，还有她向父母借的钱。但因为经营不善，酒吧持续亏损。最近几个股东商定把酒吧关了，这意味着大家之前投的钱都要打水漂了。

这么大的损失让张瑛无法接受，她不知道怎么办才好。无处不在的挫败感让她内心无比烦躁。

从小到大，无论遇到什么烦心事，张瑛都会写日记。于是，张瑛在日记本上写下了这段话：

这件事谁都不能怪，要怪只能怪自己。为什么当时头脑一热就要开酒吧呢？为什么当时就不能好好调查一下市场呢？为什么就不能多听取几个朋友的意见呢？现在好了，60万元没了……

我真是个蠢货，别人赔的是零花钱，我赔的是父母的棺材本。我真的对不起家人，也对不起自己。

写着写着，张瑛的眼泪就流了下来，眼泪滴到日记本上，洇湿了一大片。

张瑛抓起日记本，撕下自己刚写好的那一页，把它撕得粉碎。这一页文字记录了她的失败和耻辱。写下这些内容并没有让她好受一点，反而让她更加绝望……

二、为什么写作起了"副作用"

不是说写作能疗愈吗？为什么张瑛越写越崩溃呢？这让人感觉写作不但没有让她好起来，反而起了副作用。

要解答上面这个问题，首先我们要理解什么是写作疗愈，以及怎样写才能让自己得到疗愈。

写作疗愈是指一个人通过写作跟自己的内心对话，一方面平复自己的负面情绪，另一方面分析负面情绪出现的原因，最终找出解决问题的办法。所以从根本上来说，写作疗愈不是抱怨和吐苦水，而是用更积极的心态去解决问题。

如案例中的张瑛，她投资了60万元开酒吧，最后血本无归，这是投资失败的问题，所以抱怨和吐苦水都于事无补，她应该考虑的是如何尽量减少损失，以及如何尽快把亏损的钱赚回来。投资失败后，张瑛对自己持否定的态度，如果这个时候再用文字批判自己，不但不能让自己好起来，反而会雪上加霜。

三、怎样写才能让自己得到疗愈

"写作疗愈"从字面上看包括两部分：一是写作，这是方法和工具；二是疗愈，这是目标和结果。也就是说，要通过写作达到疗愈的目的，需要弄清楚两个问题：第一，到底写什么；第二，如何实现疗愈。

写作的时候写什么呢？可以是情况说明，也可以是问题分析，甚至可以是自己推导出的解决方案。在这个过程中，我们不是不能写负面情绪，而是不应该沉浸在负面情绪中不能自拔。情绪本身也是一种事实，你把自己的情绪真实准确地描述出来即可，不用多加渲染，更不用放大焦虑。直面负面情绪有助于我们解决情绪问题。

写作是如何实现疗愈的呢？其实写作疗愈对应着心理治疗中的三个方法：一个叫解决问题，一个叫转移问题，一个叫升华问题。

结合案例中张瑛的情况来说，"解决问题"就是思考如何面对投资失败，如何尽可能减少损失，如何善后，等等。写作时把这些问题想清楚，你就能获得疗愈。

有时候，我们遇到的问题比较棘手，一时半会儿找不到解决的办法，这时我们就可以"转移问题"——避开难解决的问题，想一想其他事情，转移自己的注意力。张瑛投资的酒吧要关门了，她已经无力改变现状，投资失败已成定局，那么她可以考虑给自己放个假，出去旅游一下，也可以考虑自己的进修计划或者下一步的工作计划。把这些写下来，把注意力转移到这些事上面，她也能获得疗愈。有一句话叫"不要为打翻的牛奶哭泣"，也就是说，如果一件事已经无法改变，那还不如把时间和精力花在别的事情上，这至少会让你有机会重整旗鼓。

另外，如果情况很糟糕，已无法挽回，那么我们可以换个角度看待这件事，或者从这件事里得到一些启发，把坏事变成好事，这个方法就叫作"升华问题"。比如，从投资失败中总结教训，打一个翻身仗；或者把生活中的磨难当作素材，创作出以自己为原型的小说、诗歌等。很多伟大的文学作品都跟负面情绪有关，从这个角度看，如果能有效升华问题，负面情绪的产生也不完全是坏事。

所以，光抱怨不行，光吐苦水也不行。我们每一次遭遇挫折都不好受，但在擦干眼泪后，我们首先应该想到的是让自己振作起来、让情况好起来。这时候，不妨先用写作疗愈自己，让自己恢复到比较好的状态，并在写作过程中为自己做好下一步的规划。

先过自己心理这一关，再过事情本身这一关。写作疗愈一箭双雕，正好可以帮助遇到问题的你。

第三节　从叙事疗法到写作疗愈

一、回忆过去的欣然

"要不是当时迷上了言情小说，我肯定能考上重点大学，要是考上了重点大学，我也不会干现在这个工作，也就不会嫁到这个地方来，更不会跟这样一个人结婚……"讲到这儿的时候，欣然的眼泪又落了下来。

每次讲到工作的不顺心、生活的不如意，欣然都会提到自己高中时期的经历。当时班上流行看言情小说，老师不让看，大家就在小说外面包上书皮，把小说藏在抽屉里，趁老师不注意就偷偷地看一眼。因为看言情小说影响了学习，欣然最后只考上了一所普通学校。毕业后，她远嫁到一个小县城，她的老公酗酒，没有事业心，对她也不太好。总之，这些年来，欣然的生活很不如意。

"唉！都怪我当时不好好学习，看那些言情小说有什么用呢？还不都是假的、骗人的！"

欣然很喜欢跟别人讲自己的经历，好像她现在所有的不顺、不幸都跟高中看言情小说有关。开始的时候，大家对她还有点同情和惋惜，说得多了，周围的朋友也听腻了，后来，大家甚至会拿这件事来调侃她。有人说，欣然根本不应该上大学，她就应该去写言情小说，因为她的经历活脱脱就是一部言情小说，而言情小说本身就是那个"负心汉"。

这些话让欣然觉得很失落，渐渐地，她不再提言情小说的事了。她觉得这就是命运，所有的事好像都是安排好的，命运对她太不公平了，而且周围也无人可诉说，她只能把这些事憋在心里，一个人默默承受。

二、为什么"祥林嫂"们喜欢重复讲述同一个故事

我们都读过鲁迅的短篇小说《祝福》，《祝福》里塑造了一个人

物叫祥林嫂,她是个不幸的女人,她的儿子被狼叼去了,她经常讲的一句话是:"唉唉,我们的阿毛如果还在,也就有这么大了……"

开始的时候,她的话还有人听,渐渐地,大家开始厌烦她,用小说里的话来说就是"便是最慈悲的念佛的老太太们,眼里也再不见有一点泪的痕迹。后来全镇的人们几乎都能背诵她的话,一听到就烦厌得头痛"。

欣然跟祥林嫂看起来是不是有点像?可能我们身边也有这样的人——她们喜欢讲自己的故事,喜欢把自己现在的境遇和某个故事关联起来。她们一遍遍地重复这个故事,或许是出于倾诉的目的,或许是希望别人理解,又或许是想抱怨和发泄一下自己的不满。我们通常会把这些人称为"祥林嫂",当然,这个称呼是带有贬义的。

那么,为什么"祥林嫂"们喜欢重复讲述同一个故事呢?

首先,讲故事的过程是宣泄情绪的过程,不管是欣然还是祥林嫂,她们的生活都不太如意,她们缺乏与人正常交流的渠道,所以她们的内心一直处于压抑的状态,而讲故事可以帮她们缓解这种压抑。当她们沉浸在回忆和讲述中时,即便别人不注意听,她们也能宣泄情绪。

其次,喜欢重复同一个故事的人认定这个故事能解释她们现在的处境。虽然她们看似在用这个故事向别人解释原因,但更多的时候,她们的这些话是说给自己听的,这样的解释(心理学上叫"归因")会让她们心里好受一点。

当然,我们知道,这种讲述没有什么用,甚至会让一个人在"泥潭"里越陷越深。不过心理学家看到了讲述这种形式的可取之处,并据此提出了"叙事疗法"。这里的叙事不再是一个人絮絮叨叨地重复同一件事,而是讲述者在心理医生的引导下把自己的经历讲述出来。

一般来说,讲述者在讲故事的时候都会把人和事(问题)混在一起,而叙事疗法很明确地提出要把人和事分开来看——人不是问题的原因,人只是问题的参与者和见证者。一旦有了这样的认识,很多问题就有可能得到解决,人的心结也可能被打开。

除了把人和问题分开之外,叙事疗法还有几大原则,如去中心化(相信某件事并非只有一个原因)、去元素化(不是某个原因一定会导致某个结果)、建构原则(用语言建构我们看问题的视角)等。根据这些原则,心理医生引导讲述者把自己的问题讲述出来,重新思考问题的本质,并最终找到解决的办法。由此可知,叙事疗法的本质并不是一个人絮絮叨叨地说自己过去的故事,而是通过叙事进行再思考。叙事疗法需要心理医生的引导,这样讲述者才有可能打破过去的思考模式,重新走上正轨。

不过目前能接受叙事疗法的人非常少。一旦缺乏心理医生的引导,讲述者的"叙事"模式就很容易变成"祥林嫂"模式。那么有没有什么好办法让我们自己在家就可以尝试叙事疗法呢?

三、让写作成为自己的叙事疗法

我们可以尝试"写作叙事疗法",这也是写作疗愈的一种,是指通过写作来叙事,自己做自己的心理医生,自己引导自己。

为什么叫写作叙事疗法呢?因为说和写其实都是表达,说是口头语言表达，写是书面语言表达，说和写都能把头脑里的想法呈现出来，以便我们跟别人和自己交流。二者不同的是，说是直接表达，写是间接表达。

我们通常有了想法张嘴就能说出来，这种表达当然很方便，但它有一个致命缺陷，那就是有些问题没有考虑清楚就说出来了。这也是为什么人们很容易陷入一种思维定势——以为自己想得很明白了，其实所有对问题的解释都是借助于经验和思维规律做出的判断，并不见得是可靠的。

我们头脑里的想法会先变成思维语言，思维语言再通过文字表达出来。相较于"说"，"写"更烦琐，但它的好处是，"写"的时候，人会经历两层思考，一层是从想法到思维语言，另一层是从思维语言到文字。在这两层思考的过程中，人们会"再思考"某些问题，也就是重新检查自己的思考结果是否正确。通过再思考，我们常常可以打破固有的思维模式，帮助自己找到正确的路径。这也就是为什么很多人写着写着就明白了，写作的过程本身也是深度再思考的过程。

借助手里的一支笔或一台电脑，就可以替代心理医生，自己为自己做叙事治疗，这是不是很神奇？

从叙事疗法到写作疗愈，其实也是个人的自我觉醒。如果你不再依赖心理医生的引导，你就是自己的领路人。写作的时候，想一想问题到底是什么，引发问题的真正原因是什么。把原因归结于问题本身而不是归结到人的命运或者其他某种不可控的力量上，这有助于我们重新看待那些引发不安或者痛苦的事件，最终让自己获得疗愈。

第四节　写作可以解决所有的心理问题吗

一、被重病困扰的晓蓓

失眠、焦虑、心悸、恶心，这样的症状已经持续了半年时间，晓蓓觉得自己快撑不住了。

她做了网上的心理测试题，发现自己被"确诊"为重度抑郁症。周围的朋友劝她去医院心理科看看，但她不愿意出门，更不愿意去医院。夜里睡不着的时候，她就爬起来看书，心理学的、哲学的，她希望在书里找到答案。

身体不舒服的时候，晓蓓就放下手里的工作，开始写东西。她在文章里一遍遍地问自己："我到底怎么了？""我为什么会变成这样？""我什么时候才能好起来？"仿佛每一次质问，都是坚强的自己在跟虚弱的自己宣战。

问题是，这种质问只会让她更加虚弱。晓蓓觉得自己的脑袋像是一团缠绕在一起的毛线，她一会儿想起小时候无忧无虑的时光，一会儿想起各种需要解决的复杂问题，一会儿又想起因为生病，好多事都还没有做完。这些凌乱的想法没有章法地冒出来，让她无所适从。

最近晓蓓开始出现幻觉，她觉得眼前有一截燃烧殆尽的蜡烛。她开始写回忆录，说是回忆录，其实更像是对自己的一次彻底质问。她分析出了自己的病因——焦虑、多疑、易怒、苛求完美、心理负担重、敏感、患得患失。她认为这都是原生家庭里父母错误的养育方式造成的，于是她打电话给父母。她在电话里大喊大叫，把怨气发泄在已经年迈的父母身上。

发泄完后，晓蓓立即陷入深深的自责中。生病的这段时间，只有父母在默默地照顾她，想到这些，晓蓓感到更加虚弱，她的脑袋隐隐作痛，好像有很多根钢针扎在头上……

二、为什么晓蓓不能用写作疗愈自己

为什么晓蓓解不开自己身上的"结"呢？写作不是可以疗愈吗？为什么晓蓓不能用写作疗愈自己呢？

我们可以打个比方，对一个健康的人来说，坚持锻炼可以增强身体的抵抗力，但如果生病了，锻炼能不能治病呢？显然不能。锻炼非但不能治病，反而可能加重病情。医生会让生病的人按时服药、多休息。同样，对一个健康的人来说，坚持写作可以增强心理的抵抗力，但如果心理真的生病了，写作疗愈能不能代替药物治疗呢？不能。在特定情况下，写作疗愈不但不能治病，生病的时候硬撑着写作反而会加重病情。切记，写作疗愈不能代替正规的药物治疗和心理治疗。

有些人会夸大写作疗愈的作用，好像不管是多严重的疾病，只要写点东西就能治好，这种说法是违背医学常识的。写作疗愈更像是一种保健品，对健康的人来说，写作可以增强你的"情绪抵抗力"，让你保持乐观积极的心态；对那些遇到困难、麻烦的人来说，写作可以帮你解决问题、缓解焦虑，让你重新走上正轨；对暂时处于情绪低谷的人来说，写作可以帮你走出低谷，实现内心的疗愈。而对那些已经罹患心理疾病的人来说，写作疗愈只能是一种辅助治疗的手段，病情严重的话，一定要第一时间去正规医院就诊。

另外，很多人看到"写作疗愈"四个字就以为自己已经理解了写作疗愈的真谛，开始"日更千字"，这种做法也是不恰当的。单纯地写些文字可能会有疗愈的作用，但这种作用非常小，顶多就是通过写作让自己平静下来。如果已经遇到了比较严重的心理问题，"日更千字"反而是一种不小的负担。写作疗愈一定是在自愿、愉悦的情况下进行的，它不是作业和任务，更不是立竿见影的特效药。

对罹患心理疾病的人来说，有时候，写作可以转移注意力，缓解焦虑情绪；而有时候，写作会演变成自我纠结、钻牛角尖，这反而会加重病情。对心理疾病患者来说，要不要把写作当成辅助治疗的手段，一方面要结合自己的实际情况，另一方面要听取医生的建议。举例来说，在心理治疗领域，有一种治疗方法叫森田疗法[1]，它提倡顺其自然，带着情绪和问题正常生活，如果采用这种治疗方法，就没必要在文字里与自己"一较高下"，即便是用写作辅助森田疗法，写的也应该是更生活化的文字，而不是纠结于现有问题。

另外，讲到写作疗愈，大家还需要理解写作疗愈的原理。在"写作疗愈"四个字中，"写作"是方法，"疗愈"是结果，一个人通过写作改变认知，通过认知改变行动，通过行动改变结果，最终让自己变得好起来。这样看来，写作是触发点，是引起后面的连锁变化的起点。

写作疗愈最忌讳说一套做一套：写作的时候分析得头头是道，一旦回到现实中，又开始走过去的老路。在这种情况下，写作并不是良药，反而变成了麻醉剂，只能让你暂时逃避困难和烦恼，并不能从根本上解决问题。

---

[1] 森田疗法又叫禅疗法，由日本东京慈惠会医科大学教授森田正马创立。它提倡"顺其自然，为所当为"，要求患者接纳自己的情绪，带着症状去生活。

第 二 章

什么是写作疗愈?其实用四个词就可以将其概括清楚:书写、完成、直面、社群。掌握这四个关键词,就看清了写作疗愈的"庐山真面目"。

第二章

写作疗愈的四个关键词

想让写作发挥疗愈作用,要遵循下面简单的四步。第一步,书写即疗愈,有问题的时候,立即坐下来写;第二步,完成即疗愈,一旦开始写,就一定要写完,不要半途而废;第三步,直面即疗愈,要勇敢面对自己的问题,不要隐藏也不要回避;第四步,社群即疗愈,要融入社群,借助群体的力量,解决自己的问题。

第一节 书写即疗愈

一、睡不着觉的宛如

"为什么忙了一天,到晚上关灯睡觉的那一刻,还是会觉得心很慌?"宛如在一篇文章的开头写下这样一句话。她努力回忆自己这一天都干了什么。

早上,被闹铃叫醒,打开手机,回了几条消息,起床洗漱,然后边收拾屋子边听了几段音频。上班路上，在摇晃的车上看了会儿电子书，打开手机玩了会儿游戏，翻了翻朋友圈。下车的时候感觉很累，头昏脑涨。

在办公室处理工作，接了15个电话，回了20多封邮件。下午开了个会，会后跟一个同事谈了谈将要开展的活动。上班期间玩手机无数次，明明朋友圈没有新内容，同样的内容还是看了好几次。

下班回家，边听音乐边做饭，感觉很累。吃饭的时候打开电视，没有好看的节目，一直换台。晚上打开手机听了一节网课，老师讲得很乱，没有做笔记。课后在群里跟大家聊了会儿天，逛了逛淘宝，没干什么就到夜里11点了。

宛如发现自己做每件事的时候都在一心二用，用她的话说就是"一整天好像都在梦游，没有哪件事让我享受到了其中的乐趣。"她本来已经关了灯准备睡觉，但是这些想法让她很焦虑，于是她坐起来，打开电脑，希望把脑袋里乱成一锅粥的想法好好理一理。

二、靠写作寻找答案

宛如试着梳理她对自己的安排，她在电脑上敲下了下面这些文字。

难道我不是一直在学习吗？早上起来看朋友圈文章学习，收拾东西的时候听音频课，坐车的时候看电子书，晚上还听了一节网课。按理说学习会让我觉得充实，怎么我越学越焦虑、越学越心慌呢？

顺着这个思路，她努力回忆自己到底都学到了什么。

朋友圈好像都是新闻，要不就是那些不痛不痒的"鸡汤文"。早晨听的音频讲的是如何成为一个优雅的人，但说实话，讲的都是些陈词滥调。读的电子书是一段关于刻意练习的内容，我也就学了几个新名词。至于晚上的网课，老师讲得倒挺卖力，但中间我接了一个电话，被打断了，也就记住了个开头，大概讲的是现在会说话越来越重要了……

看来下次听课的时候要做笔记才行，太碎片化的学习好像的确效果不太好。她停顿了一会儿，接着往下写。

为什么专注那么难呢？好像这些年我都没有一心一意地做过什么事了，主要原因之一肯定是手机，现在每天都拿着手机，有事没事都会打开手机看一看。看手机的时候不觉得浪费时间，但是我看了朋友圈，看了新闻，看了淘宝，把所有的东西都看了一遍还是不想放下手机。当然，主要是我不知道放下手机之后还能干点儿什么。再加上每天那么多人给我发消息，我不可能不回复吧，群里的消息不能不看吧，把这些处理完，时间也就过去了。

想清楚这些，宛如的心里好受多了。既然问题出在手机上，她决定以后要控制自己使用手机的时间。

三、写作，让一切水落石出

"为什么不能彻底关掉手机呢？"宛如问自己，"手机里到底有什么？"她继续在文章里和自己对话。

我买了三门课程，一门是学英语的，一门是学理财的，还有一门是学如何优雅生活的。我本来打算通过学习这三门课程来提升自己的能力和修养，但没有坚持下来，每次都是断断续续地听一点儿，拖了很久还没听完，越是没听完就越觉得焦虑，总觉得有什么事没做完，悬而未决。另外，我平时会看关注的公众号推送的文章，有些文章写得还不错，但大部分都没什么营养。还有微博，看微博最多能知道点新闻。

写到这里的时候，宛如好像有所感触，她发现自己所谓的"学习"是很盲目的。

今天一梳理才发现，我虽然每天都忙忙碌碌的，但其实并没有什么收获。所以并不是手机的问题，而是没有目标让我焦虑。因为没有目标，所以我很容易被别人带着走，人家说什么课热门我就选什么课，人家说什么应该学我就去学什么。比如英语，我现在根本用不到英语，也没什么动力学，怎么可能学好呢？

抬头看看墙上的钟，已经凌晨1点了。不知不觉，宛如已经写了一个多小时。她完全没觉得时间过得快，因为她早就忘记了时间。而且难得的是，这一个多小时，她没有看手机，这在过去是不可想象的。过去即使是在开会这样的场合，她也要平均每三分钟看一次手机。

我需要让自己安静下来，就像现在这样，我喜欢这种专注，这让我觉得很安心。而且只有在专注的时候，我的灵魂和思维才是我自己的，我才能判断出自己需要什么、不需要什么。我不应该再接受别人塞给我的东西。是的，我需要让自己更清醒，而不是闭着眼睛狂奔，我累了，我真的跑不动了，我真的很累很累……

宛如为这段话画上了省略号，她敲下回车键，长长地舒了一口气。是的，这个夜晚在这一刻变得美好了，她又找回了自己，就像当年自己毕业后刚参加工作时的那个晚上——她一个人坐在灯下，仔细思考自己的未来，并把当时的想法一笔一画地记录下来。

写作很美好，它让我安静，让我专注于思考问题。原来所有问题的答案都不应该由别人告诉我，而应该由我自己寻找。不是手机害了我，也不是碎片化学习耽误了我，是我自己先没了方向，乱了阵脚。从明天开始，我要给自己定个规划，每天早晨醒来，第一件事不是看手机，而是把这一天的安排写下来，先想清楚今天要学什么、要完成什么、这些安排有什么意义。

写到这里，宛如的眉头渐渐舒展开，她从刚才烦躁不安的情绪中解脱出来了。时间不早了，她也有点困了，于是她关了灯，躺在床上。一想到接下来就是新的一天，她发自内心地高兴，而且关键是，她找到了一个很好的方法，打开电脑写作，只需要一分钟，一分钟就可以让自己进入专注的状态，这实在是太美妙了。夜深了，宛如带着这种喜悦的心情进入了梦乡。她将面对全新的一天。

划重点
不安的时候，就开始写作

宛如为什么睡不着觉？她有什么生活压力吗？好像没有，很多问题都是她"自找的"。她将自己的生活安排得特别忙碌，她以为忙碌起来就会安心。但恰恰相反，每件事情都做一点儿，每件事情都会做不好，而且这种无头苍蝇的状态让她感到疲乏、慌乱，以致于她被事情压得喘不过气来，造成了精神紧张。

宛如需要什么呢？她需要安静，需要静下心来想一想自己到底要什么。还好她找到了写作这个方法，她不再跟着感觉走，也不再盲目跟风，她的注意力重新回到了自己的身上。这是一个了不起的改变，哪怕只是写出自己的不安和困惑，这种写作也达到了疗愈的效果。

能让自己安静下来的写作就是疗愈写作。它很"随意"，不像工作写作那样需要谋篇布局、推敲用词；它很"简单"，你只要顺着自己的想法走，就好像把自己脑海中的东西誊抄在纸上；它很"有效"，你只需要坐下来，仔细聆听内心的声音，把它们如实地记录下来就会有效果。

写作疗愈练习1

写下第一篇个人疗愈日记

写日记是一个疗愈自己的好办法，它可以让你和自己对话、发现自己的问题。很多当时认为是天大的问题，事后再去看，其实并没有那么严重。如果你没有写日记的习惯，今天你就可以写下你的第一篇日记，记录今天发生的事情。除了记流水账之外，你还可以把自己遇到的问题和困惑写下来，看看能否找到解决的办法。

写作创可贴

1. 陈述问题。不管遇到什么问题，先客观、完整地把问题记录下来，尽量不做评论。如果感受特别强烈，也可以把当下的感受记录下来。
2. 尽量平静地看待这些问题。尝试用文字引导自己换个角度看待这些问题，从而发现不一样的东西。
3. 提出解决问题的办法。随着写作的不断深入，自己逐渐摆脱情绪的控制，进而提出能解决目前问题的办法。
4. 给自己正向的鼓励，以便回到平和的状态。

第二节　完成即疗愈

一、半吊子小姐珊妮

今天有人叫我半吊子小姐。我虽然委屈，但是仔细想想，发现这个评价真的很贴切，因为我似乎很久都没有完整地做完一件事了。

珊妮在一篇文章开头这样写道。她有些沮丧，但还是决定把那些半途而废的事情一一写下来。

- 昨天需要写一份计划书，可是做到一半，领导又给我分配了新任务，由于时间不够，我只好求助同事，让他替我完成了后半部分。
- 说好从上周开始学习英语，每天背半个小时单词，结果只坚持了一周，就再也没看过英语。
- 下定决心每天早起一小时进行晨练，可第三天就睡过了头，之后再也没早起过。
- 计划好下班后去练习瑜伽，谁知下班后总是有各种各样的事情找上门，最后瑜伽也没坚持练几天。
- 朋友说她每天都留出时间看书，我觉得这个安排很不错，于是也给自己定了计划，争取一周看一本书、一周看一部电影，可是计划定了半个月了，一本书都没有看完。

当把这些事情一件一件地列出来时，珊妮才发现，自己是一个没有常性的人，不会合理分配时间，看到什么、听到什么，都想试一试，却总是缺乏毅力。本来以为自己是一个肯学习、肯付出、活得很充实的人，可是今天她终于知道，自己只是"三分钟热度"，一件事都完不成。

珊妮揉了揉太阳穴,她觉得心里很乱。别人的评价让她很不是滋味,如果不能改变这一点,她恐怕再也没有颜面去和别人谈论自己的人生规划了。

二、完成是一种仪式

为什么看到什么都想试试,却总是坚持不下去?珊妮继续写,以寻找答案。

我似乎不太会分配时间,当有超过一件事情需要同时做的时候,我就会很着急,最终一定会因为手忙脚乱而放弃某一件事。比如领导交给我两项工作,我不知道如何才能同时完成;比如想去练瑜伽的时候,有人约我吃饭、逛街,我不知道如何与对方沟通和协调时间。

我有很强烈的好奇心,别人说的新鲜事物,我都想尝试一下,别人在做的事情,我也想参与一下。但是做了以后才发现,很多事情未必适合我。我一边努力说服自己既然开始了就不能放弃,一边提醒自己这件事并不是我喜欢的,应当及时止损,不要浪费时间。我经常陷在这样的纠结中,最后的结果就是很多事不了了之。

还有些时候,我会很迷茫,不清楚自己行动的目标。我会在开始之前把未来想得很美好,可是做了几天后,我就会产生疑惑:我这样做能给自己带来好处吗?比如学英语、看书,我坚持这样做是为了什么呢?对我自身的成长有什么帮助呢?这些问题我并没有想清楚,每次都是头脑一热就去做了。

分析完原因,珊妮的慌乱感减轻了不少,她发现自己总是完不成事情的原因有三个,并把它们写了下来。

1. 协调统筹能力较差。

2. 没有清晰的规划，喜欢跟风，缺乏判断力。

3. 对自己不够了解，没有明确的人生目标。

问题已经想清楚了，珊妮也终于松了一口气。只有先找到问题，才可能找到解决问题的办法，珊妮暗暗地对自己说："这一次一定不会再半途而废了。"

三、善始善终才是完美的计划

针对这三个问题，下一步应该怎么做呢？

珊妮在文章里自问自答。

要增强协调统筹能力，我应该拿出时间学习一些关于时间管理的知识。协调统筹能力是我的一个短板，也是决定所有计划能否完成的最关键的一种能力。只有先学会协调统筹，才可能让其他事情顺利进行。

去哪里学习呢？我看到过很多关于时间管理的课程，首先要对这些课程进行甄别，挑选一门最合理、最适合自己的去学，这一次一定不能盲目了；其次，我需要预留出学习的时间，不如就利用午休时间好了。午休期间一般干扰较少。

找到第一个问题的解决办法后，珊妮在文章中回答了第二个问题。

要避免盲目跟风，就应该对自己有深入的了解。我是一个喜欢热闹的人，有时间的时候就喜欢和亲朋好友聚一下，或者在节假日组织一些活动。这样看来，瑜伽这类偏安静的运动并不适合我，这可能也是我练瑜伽时兴致不高的原因。早起晨练难以坚持，大概是因为我晚上精力较为充沛，而早上如果起得太早，我一天都会状态不佳。所以以后我可以利用晚上的时间来锻炼身体，早上不要起得太早，以保证充足的睡眠，找到适合自己的生物节律才是最重要的。

第三个问题就更应该好好思考了。我的人生目标是什么？学习各类知识是为了什么？

珊妮没有停下来思考，敲击键盘发出的清脆响声让她的思路越发清晰。

原来我觉得无论是什么，只要去学肯定是有好处的，但现在我发现，学习的东西一定要契合自己的兴趣、特长和目标。我之前学习英语是因为看到很多人都在学，似乎不学就要落后于人。但实际上，在我的工作和生活环境中，基本用不到英语，我对英语的兴趣也不浓厚。从小到大，我一直对绘画感兴趣，那么在工作之余，我可以去学习一些关于手绘的技能。如果学得好，还可以为自己增加一项技能，未来把绘画作为兼职，增加收入也不无可能。

不知不觉已经过了两个小时，珊妮的文章快要写完了，让她沮丧的问题也在她写文章的过程中被逐一解决。更让她感到欣喜的是，她顺利地写完了一篇自我剖析的文章，在这期间她没有被其他事情分散注意力，也没有写到一半就放弃。珊妮觉得，坐在这里写作，就是改变自己的第一步。

今天的写作让我对自己有了全新的认识，原来我并不是不能做完一件事，我只是没有做好计划，没有找准方向。在写这篇文章的过程中，我体会到完成一件事的关键四要素：一是专注，二是兴趣，三是思考，四是自律。以后做任何事情之前，我都要根据这四个要素做好准备。我一定要摆脱"半吊子小姐"的称呼！

在文章结尾，珊妮还给自己送上了祝福。

亲爱的珊妮，今天这篇文章不仅让你找到了问题的原因和答案，还带给你久违的成就感。今天就是改变的开始，相信你未来会成为一个善始善终、做每一件事都能够坚持到底的人。

划重点 　写完就"好了"

珊妮是个没有常性的人,做什么事都是"三分钟热度",浅尝辄止,很多事只开了个头就放弃了,这带给她很强烈的挫败感,导致她做事更加拖拉。

一般来说,有"拖延症"的人总会给自己的拖拉找借口,但其实他们心里还是会有隐隐的不安和自责。就像珊妮,她对自己的现状很不满,迫切希望能有所改变。

写作是珊妮改变现状的第一步。写作具有某种仪式感,而且顺着自己的想法写下去,写出一篇文章似乎也不是什么难事。写作带给珊妮巨大的成就感,最关键的是,通过写作,珊妮把乱成一团的生活理出了头绪,这种能让自己获得疗愈的写作让她看到了曙光。

写作疗愈练习2

写一写你的特长或者兴趣

你可能是个普通人，做着普通的工作，过着普通的生活，但有没有一件事是你的爱好或者是你特别擅长的？如玩游戏、"刷"朋友圈、聊天、看书、看电影……写一写你的特长或者兴趣，分析一下它到底对你有什么影响。

写作创可贴

1. 客观地将自己遇到的问题罗列出来，不要掺杂个人感受。
2. 结合目标选择、目标驱动力、目标落实三个要素，尽可能理性地分析问题。
3. 针对罗列出来的问题，提出可行且易操作的解决办法。
4. 完成本次练习可作为疗愈自己的第一步。

第三节 直面即疗愈

一、没有安全感的维鑫

早晨,天刚蒙蒙亮,维鑫就醒了,他心里装着事,睡不踏实。虽然眼睛睁不开,身体很累,但他的脑袋无比清醒。于是他索性爬起来,洗了一把脸,坐到电脑前。他觉得自己要找个人说说话,不然真的会闷坏的,而在这个大家都还在熟睡的清晨,文字就成了他唯一且最好的朋友。

我到底是怎么了?我到底在紧张什么?不就是最近店里开始赔钱了,可胜败乃兵家常事。再说,这点儿钱,我完全赔得起,根本没必要紧张啊。我到底在害怕什么呢?为什么总是心神不宁?

维鑫之前是外企高管,他觉得日复一日的工作很无聊,便在前年辞职,开了两家咖啡店。第一家店还不错,流水和收益都比较平稳,而新开的这家店可能是因为选址的问题,已经连续八个月赔钱了。关键问题还不是赔钱,而是看不到任何情况好转的迹象,有时候一整天店里一个客人都没有。这让维鑫心慌,赔的都是自己的血汗钱,再这样下去可不是办法。

新店需要"养一养",这谁都知道,可是止损线到底在哪里?我难道真的要放弃这家店吗?放弃这家店意味着之前付出的转让费、装修费统统都要打水漂。关店后员工怎么办?店里的家具怎么办?咖啡机、吧台这些设备运到哪儿去?对了,还有店面的违约金,经营不满一年的话,还要再扣押金。

维鑫停顿了一下，他用计算器盘算着，按现在这种估算方法，如果关店，大概整体要损失100多万元。而且更令人头疼的是，关店的话就有很多杂事要处理，包括各种手续、各种善后的事宜等，想到这些他就头疼。

那如果再继续扛呢？人员成本、店铺租金、物业费、水电费、原材料费，现在每个月要支出15万元左右，前8个月已经投进去100多万元了，现在要是继续扛，就还要继续赔。这个地方，一点生意都没有。

100多万元，那是维鑫过去做高管时一年的工资，他也算工薪阶层，钱都是一分一分赚来的，看着损失像流水一样，说无动于衷是不可能的。

他用手快速揉搓了一把头发，然后拿起手机打开了微信，他想转移一下注意力，从这件烦人的事情中解脱出来。昨晚大学同学群在讨论买房，最近房子升值，有人一买一卖，一年时间就赚了200多万元。维鑫心里"咯噔"一下，说不上是嫉妒还是什么别的情绪。别人毫不费力就赚了200多万元，自己累死累活，压力又大，还赔了100多万元，这个反差的确让人难受。

手机这时候正好弹出一条消息："截至昨日您×××卡本期未还金额¥63454.00元，最后还款日为6月27日……"

这条信息成为压倒骆驼的最后一根稻草，维鑫瘫在椅子上，他觉得全身没有一点儿力气，也看不到一点儿希望。

二、压力只会越积越多

作为一个工作十年的职场"老兵"，维鑫一直觉得自己有很强的抗压能力。但做生意跟替人打工完全是两码事，维鑫又回到电脑前，开始分析自己为什么会陷入这么糟糕的境地。

过去几千万元的单子从我这儿过去我都没感觉，为什么这才100多万元的亏损我就崩溃了呢？以我现在的积蓄，即使亏这100多万元，我也不会破产。那到底是什么让我如此紧张呢？

是挫败感吗？过去的工作我的确都做得挺成功的，一路升职加薪，做了高管，但现在这个咖啡店让我有了极强的挫败感。第二家店的选址的确出了问题，我要为这件事负责任，也要付出代价。而且这次失败对我的信心打击极大：过去我觉得很简单的事，现在看起来并没有那么简单；过去我以为自己很强大，现在看来我似乎也并没有自己想象的那么强大。

还有一种孤独感。本身开咖啡店这件事大家就不认可，很多人觉得我是"文艺青年"，不适合做生意，所以我一定要证明给他们看，我这家店能开下去，而且能在短时间内实现盈利并扩张。我有时候觉得，我是在跟所有反对我的人对抗，所以我心里有一种强烈的孤独感，觉得所有人都不理解我，都等着看我的笑话。

还有就是我的好胜心。从小到大，我都没怎么失败过。高考，我以优异的成绩考入了重点大学，毕业后进了外企，一路顺风顺水，拿遍了单位的各种奖项。我带领的部门，业绩也都特别突出，所以我的确没经受过失败的打击。这些都滋长了我的好胜心，但凡在一件事上遇到挫折，我就想着一定要打翻身仗。

另外，我还得承认，我周围的环境也给了我不少消极的影响。我的大学同学、朋友多是不愿意冒险的人，只追求稳定的资产收益。我选了跟他们不同的路。创业的确有风险，这个我在一开始就想到了，所以我不应该去羡慕人家的"旱涝保收"。

还有一点可能是我不愿意承认的，我好像没有想过自己的后路——如果创业失败了，我去哪儿？回外企上班吗？抑或继续创业？还是找地方养老？我没想过这些问题，所以可能潜意识里，我很怕自己失败，因为我不知道失败之后我会怎么样。"

"后路？"写到这里，维鑫突然有了点儿眉目。

大不了失败后，我再开一家不赔不赚的小店，虽然这辈子当不了商业"大鳄"，但能经常看看书、写写东西，这也会让我很快乐。而且这就是我创业的初心，我当时开咖啡店也没有想过要发大财，只是出于自己的兴趣。

一家不赔不赚的小店，如果把要求放低，这个目标我现在就已经实现了。第一家咖啡店每个月还有盈余呢，而且第一家咖啡店的装修、环境、氛围我都特别喜欢。就是因为最近都忙着第二家咖啡店的事，我都没有在第一家咖啡店里好好坐一坐……

外面天已经大亮了，维鑫走到窗边，看到阳光穿透云层，照进房间，感觉特别温暖。他已经好久都没有这种感觉了，他感到浑身舒畅，心里特别熨帖。

他简单收拾了一下，他要去咖啡店——自己开的第一家咖啡店，他要在那里完成这篇文章的后半部分。

三、越逃避，越麻烦

咖啡店一早就开门了，维鑫找了一个靠窗的座位，要了一杯冰拿铁和一份华夫饼，重新打开了电脑。

我为什么会紧张？因为没有安全感。就像即将参加考试一样，自己如果胸有成竹，就不会太紧张；只有那些没有复习好、准备好的考生，才会特别紧张。我现在很紧张，就是因为我没有准备好，我没有准备好就匆匆开了一家新店。导致现在新店管理混乱，宣传跟不上，资金吃紧。看起来是这些糟糕的状况让我紧张，其实不是，而是在潜意识里，我一直觉得这家店会失控。

第一家店的成功得益于很多因素，比如，我投入了特别多的心血，我把最得力的人手都放到了这里，我挨个儿给朋友发消息让他们来捧场，我动用了所有的关系来宣传这家店……而且第一家店的选址成功也有偶然性，正好是一个商铺着急转让，位置又好、价格又低，谁来做可能都不会赔钱。

如果是现在来定开分店的目标，我一定要让第一家店的经营模式更清晰、可量化，如员工的招聘与考勤、宣传与促销、新产品推广、每周的活动等。而在开新店的时候，这些都是凭感觉在做，没有章法。开新店时，完全又是重新摸着石头过河，一点儿也没有从第一家店借鉴什么经验。

另外，开连锁门店需要资金的支持，现在我投资了基础设施就没有钱去做运营了。这是目前最主要的问题，没有活动，没有促销，大家就注意不到新店，店里当然就没生意。

还有人员的问题，现在新店的店长只拿固定工资，新店经营状况的好坏跟他没有太大关系，所以他也没什么积极性。是不是要发展一位合伙人，让他也成为新店的主人？

维鑫越写越兴奋，"合伙人""标准化""品牌""活动"，他一边打字，一边用笔在纸上记录思维的要点。他害怕不赶快写下来，这些念头一转眼就会消失。

引入合伙人，设置止损点。事已至此，反正是亏损，少亏点其实就是赚了，要是能盘活新店，那简直就是天上掉馅饼的好事。

他一边想着，一边拿起盘子里的华夫饼咬了一口，看着被咬了一口的华夫饼，想到刚刚写下的"天上掉馅饼"，他笑了。

第一，让第一家店的店长把日常管理、宣传、活动组织、对外合作的方式归纳成标准化的流程图，先做1.0的版本就行，这是最接地气的方法论。

第二，抽调第一家店的优秀员工到新店去轮岗，提高新店的服务水平，顺便对新员工进行培训。

第三，邀请5位朋友入股新店，其中4个人是一般合伙人，每人出资10万元，占5%的股份，不参与新店管理；另一个人为经营合伙人，出资10万元，占10%的股份，全职参与新店管理。

第四，新店开展为期一个月的促销活动——卖会员卡、咖啡免费喝、活动场地免费用、买咖啡送咖啡杯……从现在开始，从老店往新店引流，所有在老店购买咖啡的顾客，都可免费获得新店的体验券。所有活动不计成本，只要能提高店内的人气，都可以做。新店活动交给新的经营合伙人执行，以他的意见为准。

第五，既然没必要去跟别人比，不如就把朋友圈关了，微信也少看，那些消息看多了没有什么好处不说，还徒增烦恼。另外，从今天开始，我要每周写一篇文章，梳理当前面临的问题，有问题及时解决，有压力及时疏导，不堆到一起。

维鑫一分钟也不想耽误，他打开手机，关闭了朋友圈。他转过头跟店长说："请大家准备一下，20分钟之后，我们一起开个会。"

早上的咖啡店飘着咖啡的香气，透过大大的落地窗可以看见外面行色匆匆的人们。新的一天开始了，它看起来是那么明亮，那么美好……

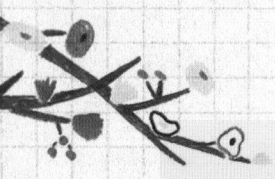

划重点 写下来就不怕了

维鑫为什么紧张？是因为大难临头了吗？好像还不至于，咖啡店目前的亏损他完全承受得起。他的紧张一方面来自对未来的不确定，另一方面来自他的迷茫——他完全不知道下一步该怎么走。

解铃还须系铃人，除了维鑫自己，没有人可以告诉他答案。只有他知道自己面临的问题并不是简单的赔钱，而是一开始就做出了错误的决策——他急于在朋友面前证明自己，并且因为偶然的成功而冒进，缺乏长远的打算。

维鑫需要的不是无关痛痒的安慰，而是一盏可以带他走出困境的明灯，还好他找到了写作疗愈这种方法，这是真正能消除紧张的写作方式。它不急于消除维鑫情绪上的紧张，而是一步一步地帮他把问题分析清楚。情绪是表象，困难是本质，解决了困难才能从根本上平复情绪，标本兼治才能最终解决他的问题。

写作疗愈练习3

来吧,我不再害怕

现代社会压力很大,很多问题都会让人紧张,如即将到来的考试、房贷、孩子的入学问题等。请以"最近,这件事让我紧张"为主题写一篇文章,说说带给你压力的这件事。如果可以,边写边想解决这件事的办法。也许写完之后,你会有意外的发现。

写作创可贴

1. 有些问题会让你不舒服,但是别怕,把它们写下来,直面它们,你会发现其实没什么大不了的。
2. 找出问题背后的浅层原因和深层原因。
3. 写作的时候,注意自己情绪的变化并将它完整地记录下来。情绪是预警器,它的产生是为了引起你的注意,提示你某种情况可能将要出现。
4. 一个问题一个问题地解决,情绪也会得到舒缓。

第四节　社群即疗愈

一、孤岛上的小玲

离婚后，小玲远离家乡，独自带着孩子生活。一天晚上，她突然产生了深深的无助感，她感觉筋疲力尽、力不从心。

女儿半夜突发高烧，小玲一个人背着孩子出门。深夜的路上一辆车都没有，情急之下小玲拨打了120，还好救护车来得比较快。跟着救护车到了医院后，小玲把孩子托付给医生，又东奔西跑忙着办理各项手续。等一切办理妥当，孩子的病情也稳定下来，小玲才发现自己一丝力气都没有了。她瘫坐在医院走廊的长椅上，捂着脸哭了很久。

从医院回到家已经是凌晨5:00，天都快亮了。小玲看着退烧后熟睡的孩子，感觉自己的能量已经快要耗尽。她拉上窗帘，连灯都没有开，漆黑的房间里只有电脑屏幕闪着亮白的光，上面写了一半的文章仿佛在提醒她：如果有什么不开心的事，那就写下来吧。

小玲坐在电脑前，用最后一点儿力气打开了一个文档，并在里面写下了自己在这一刻的感受。

这一刻的我，发现自己是那么无助，什么事情都得一个人来扛，需要帮助的时候，连电话都不知道应该打给谁。父母远在千里之外，我只能报喜不报忧，而这里的同事更不适合求助。我也没有交心的朋友，没有人能够帮我，更没有人能够在我脆弱的时候陪伴我。无论发生了什么事，无论自己能否做到，我都必须硬着头皮一个人上。有那么一瞬间，我感到前所未有的绝望，感觉自己仿佛站在一座孤岛上，四周是一望无际的茫茫大海,任凭我百般呼唤,都没有人应答。巨大的孤独感充斥着我的身体。我好像陷入了一个无底的黑洞……

二、一次特别的分享会

婚姻遭遇变故以后,小玲渐渐喜欢上了写作这种可以安抚自己的方式,她会利用空余时间写一些文章抒发情感。一次偶然的机会,她加入了一个写作社群,社群里的每一个成员都在用心地写文章,天南海北的网友在社群里吐露深藏于自己内心的故事。

今天是小玲第一次在写作社群里发言,她把自己的孤独写成文字,分享到了社群中。夜已经深了,小玲想,大家可能都睡了,也许明天才会有人回应吧。可文章刚刚发出去几分钟,社群里的一个网友就回复了小玲,并问了她一个问题:"你为什么会觉得孤独?仅仅是因为没有人能够帮你吗?"

看到这个问题,小玲陷入了沉思,她一边想一边在键盘上敲击着。

我为什么会觉得孤独?因为当我遇到困难的时候,我希望有人能让我依靠,希望有人能在身边帮助我,减轻我的压力。我渴望有人能安慰我说"放心吧,你还有我",但我身边没有这样的人。自从婚姻出现问题,这样的依靠便消失了。我不知道为什么会变成今天这样的局面,我总觉得我在被生活逼迫着往前走,连喘口气的时间都没有。

写到这儿,小玲不由自主地想起了离婚前的生活,她似乎明白了,她现在所有的负面情绪都是在和离婚前的美好生活做对比时产生的。那么婚姻里最美好的时光是什么样的呢?小玲开始回忆并写下了那段美好的时光。

刚结婚时，我和他感情还不错，那时我就像一个被呵护着的天真小女孩，什么都不用操心，什么都不用担心。他比我大几岁，像大哥哥一样处处照顾我。我喜欢吃的东西，他会变着花样地给我做。他是一个想得比较周到的人，很多事情都能够帮我打理得妥妥帖帖的。那时候我真的觉得很幸福，我以为他会一直对我这么好。

后来有了孩子，各种琐碎的事多了起来，他变得越来越没有耐心。那时他说得最多的一句话就是我不是一个好妻子，也不是一个好母亲。他总是说他工作很累，要我理解他。但那时我总是觉得这是他逃避家庭责任的借口。我总是喜欢强调他之前对我的态度和承诺，本想以此来敲打他，没想到我们的关系却越来越差。

时过境迁，再回过头写下这些文字，小玲才发现自己在这段婚姻中也有很多不对的地方。于是她第一次在文字中进行了自我检讨。

现在再回过头看，我才知道自己也做错了很多事。有孩子之前，我一直被他照顾，有了孩子以后，这个家就不能只靠他一个人了。可是那个时候，我只是照看孩子，把其他事情全部丢给他，没有想过为他做一顿饭，没有想过替他减轻些负担。现在的我一个人带着孩子生活，才发现生活的压力有多大，仅仅是孩子生一场病都让我觉得筋疲力尽，更不用说他那个时候既要工作还要照顾家里的一大一小了。

我现在的处境，无疑跟自己的性格和行为有关，我要么就这样不断地抱怨，要么就让自己强大起来！

小玲写完这句话，保存后，把文章发到了社群里。不一会儿，提问的群友给小玲回复了一个笑脸表情，他说："你已经通过自己的笔找到了问题的核心,你很棒,你不孤独,你还有我们。"

三、陪伴是最长情的告白

看到群友的那句"你还有我们",小玲的泪水不由自主地流了出来,心里满满都是感动。

孩子在熟睡中叫了声"妈妈",又说了几句梦话。小玲摸了摸孩子的额头,确定孩子退烧后,松了一口气,看着孩子略带微笑的熟睡中的小脸,小玲觉得很温暖。

她要写下心里所有的感动。

感谢可爱的群友们,当我找不到人倾诉的时候,你们愿意一字一句地听我诉说,帮我出主意,替我找原因。你们对我的文字的每一句反馈,都给了我莫大的鼓励,让我拥有了再次面对生活的勇气。

今天背着孩子去医院的路上,我甚至都有了放弃的念头。生活的压力、精神的压力,压得我几乎无法呼吸。但现在,你们让我的心情渐渐平静了下来,让我明白了走到今天这样的境地,自己也有不对。当把责任都归结到他人身上的时候,自己是最痛苦的,因为你无法改变,内心充满怨恨。而当发现自己也有责任的时候,即便只有一点点,我也一下子释然了。

但我此刻最大的感受是幸运。我有一个懂事而乖巧的女儿。刚刚她还在睡梦中叫"妈妈"。在她生病的时候,我是她最大的依靠。如果我都垮了,孩子又该怎样面对生活中的困难呢?我应该给她做一个榜样,她那么善解人意,那么爱我,我不能让她对自己的妈妈失望。

小玲将饱含自己感激之情的文章发到了社群里。夜已经很深了，但是依然有很多人默默地等着小玲的文章。当看到小玲重新树立起生活的信心时，他们都松了一口气。有人在社群里给她发了一个大大的"拥抱"。

小玲的双眼模糊了，她微笑着走到床前，轻轻地给了孩子一个吻，此刻的她内心充满正能量。

以后我不会再让自己这样消沉了。

平复下来的小玲在文章里写下这样一句话，然后接着梳理自己乱成一团麻的心情。

人是不能脱离感情而存在的。带着孩子独自在这里生活，虽然是自己的决定，但这并不意味着要和所有人脱离关系。事实证明，我需要这样的关系，也需要这种温暖，虽然现实生活中很难遇到，但是网络拉近了有同样爱好、同样追求的人的距离。就比如我喜欢写作，文字便成为我同这些温暖的人传递情感的方式。

以后无论遇到什么事情，遭遇什么打击，我都要及时将它们写下来，不要给自己太大的心理压力，同时也要多帮助社群里的其他人。他们有的还很年轻，正对事业和未来感到迷茫；有的即将结婚，对未来充满了期待和憧憬；有的正陷于家庭的矛盾中而苦恼不已；有的刚找到自己的目标，正在奋力拼搏。每个人都有每个人的状态，或愉悦或低沉，但所有的情感都需要与人分享，这也是每个人生活下去的动力之一。

那么从今天起，我要把这群与我兴趣和理想都一致的朋友们当作我的好伙伴。人生难得遇到有默契的至交好友，积极地帮助和陪伴他们，也享受他们的温暖和陪伴。我相信，我一定会走出人生的低谷，生活一定会慢慢地好起来。他们也一定会越来越好。

写完后，小玲发现社群里已经回归平静，大家应该都去睡了。她把最后这部分文字发了出去，同时附上了这样一句话。

愿以后我的文字，不只是吐槽，也可以疗愈你们。

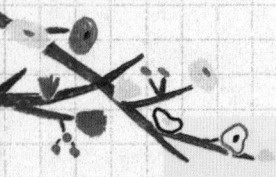

划重点 ——一滴水在大海里才不会干涸

小玲是一个单亲妈妈,她习惯用自己的坚强应对现实中的困难,直到她发现自己越来越累,几乎耗尽了最后一丝力气。

小玲需要疗愈,除了自己微弱的力量,她还可以通过文字融入社群。一滴水只有在大海里才不会干涸,一个人也只有在集体里才能获得更多的温暖。

小玲找到了一群志同道合的朋友,以文会友,以文字相互陪伴,她再次感受到了温暖的力量。

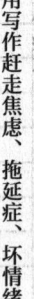

写作疗愈练习4

其实这并没有什么大不了的

所谓"当局者迷,旁观者清",你身边有没有深陷困扰的朋友?如果让你写一篇文章劝劝他,你会怎么写?

请以"其实这并没有什么大不了的"为主题写一篇文章,要求列出朋友遇到的问题,设身处地地帮他分析,最终给出答案。通过这样的换位思考,你也许就更了解如何寻求别人的帮助了。

写作创可贴

1. 换位思考,想想他遇到的问题对他来说意味着什么。
2. 不要用说教的语气,而要真诚地帮他分析问题。
3. 不一定要直接给出建议,也可以引导他自己思考答案。

疗愈加油站

用写作让自己恢复平静

写作疗愈 用写作赶走焦虑、拖延症、坏情绪

心理学小课堂

现代社会生活、工作的节奏很快，每个人或多或少都会面临本章提到的知识焦虑、拖延症、不安全感、孤独、缺乏自信等问题，这些问题会带给人很大的压力。那么究竟什么是压力？外部刺激有哪些类型？我们要如何缓解压力呢？

一、压力的定义

在心理学中，压力也称应激，压力的来源被称为应激源。压力可以描述为个体对某种外部刺激做出的适应性反应。例如，快考试了，有人说"我压力很大"，这个人就是在用"压力"这个词说明自己的紧张状态，那么"压力很大"实际上就是他对考试这件事做出的反应。

人的生活不会一帆风顺，我们经常会遇到一些自己预料之外的突发事件。面对突发刺激时，人体内部（包括认知、思维、情绪、情感等）会产生一系列的连锁反应。个体会不自觉地产生自我防御并反馈给行为，以寻求适应或者改变。

二、外部刺激（应激源）的类型

人在应激状态下会产生一系列生理和心理反应。心理反应包括情绪反应和行为反应。担心、着急、焦虑、自卑和抑郁都是情绪反应，如焦虑就是应激状态下最常见的情绪反应之一。

一般来说，常见的外部刺激主要有以下几种。

1．事件密集爆发

人的大脑就像一台高速运转的机器，每个人在一定的时间内可以处理的事情是有限的。当大脑需要同时处理很多事情，而且这些事情看上去难度相当的时候，大脑会第一时间被任务所占据，而无法腾出空间去理顺解决办法，这就会造成思维延迟。思维延迟又会造成个体的情绪紧张，从而反过来再次影响思维，形成恶性循环。

2．面临困难

人都有趋利避害的本能。困难，对有的人来说是刺激的挑战，但对更多的人来说是前行的障碍。人在遇到困难时，第一反应是逃避，这是一个生物体最正常的反应，是人和动物共有的机械本能。很多人在遇到困难时会选择拖延，要克服这种心理，就要有强烈的目标感，要有追求和动力。

3．突然发生超出承受能力的事件

如果需要处理的事情超出个人的承受能力，那么这件事会给人带来强烈的困扰，容易引起思维混乱，诱发焦虑等负面情绪。

4. 外部正向激励缺失

人在任何环境下都需要一定的正向激励去激发行动力，长期缺乏正向激励会造成个体的自卑感。

三、为什么写作可以缓解压力

个体能够注意到外部刺激的威胁性，而且多数人在面临威胁时都会试图寻求改变，但很多人无法通过自身的能力消除这种外在威胁，只能任由它继续存在而无能为力。

写作是一种很好的调节方式。在写作的过程中，人会先从负面情绪中跳出来，让自己恢复平静。情绪稳定后，大脑才可以恢复正常运转，让思维重新活跃起来，这样才可以找到解决办法，改变现状。具体来说，写作有以下三个作用。

（1）写作可以增强抗压能力。通过自我陈述，个体可以建立起与以往认知不同的思维体系，不断通过文字给自己灌输抗压的信念，让其成为一种潜意识。写作可使个体的抗压能力随着意识的改变而改变。

（2）通过写作罗列问题，个体可以建立化解冲突的合理程序，先通过自我反省来认识问题的本质，再评价自己的思想和行为正确与否，接着寻找不同的思维方式对冲突进行合理解释。

（3）通过写作，个体可以针对发生冲突的不同情境，提出不同的建议，同时及时对自我进行表扬和肯定。

课后写作练习：写作接龙

　　我真的要疯了，我失眠了，几乎一晚上没合眼，我努力想要睡着，可是越这样想越睡不着。我这是怎么了？为什么我心里这么乱？难道我生病了吗？（请接着写下去）_____
_____
_____

 写作提示

1. 烦乱解决不了问题，先让自己平静下来。
2. 压力是表象，压力背后一定存在某个问题，而问题的背后可能有更深层次的原因，这个原因只有你自己最清楚。
3. 不要着急做出判断，先把问题说清楚，自然就会找到解决的办法。

第三章

不是所有的写作都叫写作疗愈。只有那些能让你平静下来的写作、能让你真诚地跟自己对话的写作、能帮助你解决问题的写作、能让你挖掘自己内心最深层想法的写作才有疗愈的效果。掌握了相应的写作方法,你也就掌握了写作疗愈的方法。

第三章
写作疗愈的方法

写作是一种行为，也是一种疗愈方法。很多人热爱写作，是因为写作可以让他们表达自己的所想所感，但这只是写作最初级的效用。掌握并灵活运用写作疗愈的方法，不仅可以更快速地解决问题，还可以让自己的身心得到疗愈。

第一节 用"我"的视角观察问题

一、疲惫的小巩

辞职创业以来，小巩越来越觉得力不从心。她每天疲惫不堪，甚至好几次打起了退堂鼓。

"早知如此，当初还是应该老老实实上班！"小巩一边思索，一边打开笔记本，开始写东西。

我觉得自己就像一个双面演员，一面是勤俭持家的家庭主妇，另一面是追求事业的女强人，真的很累。当初辞职创业时的意气风发现在都去哪儿了?

其实,小巩并不是因为一时冲动才辞职的,她早就想开一家属于自己的蛋糕店,而恰好那个时候有一个位置极佳的商铺出让。小巩厌烦了之前朝九晚五的工作,借着这个机会,她立即递交了辞呈,全心全意地做起了蛋糕店的生意。

但小巩的家人并不支持她,倒不是怕她做不下来,而是因为当时小巩的两个孩子年龄都还小,老公工作忙,家里很多事情都需要她来处理。她如果去创业了,必然会顾此失彼。

小巩一再保证等店铺正常运营之后,就聘用店长来管理,自己会把精力更多地放在家庭上,这才勉强得到了家人的同意。

创业并不是靠一腔热血就能达成目标的。刚开业几个月,名气还没有打响,现在每个月收支勉强相抵。我雇用了一个蛋糕师和一个店员,已经没有多余的资金去雇用店长了,所以很多事情都需要我亲力亲为。我和店员轮流坐班,这比之前的工作还要累。但这件事已经做起来了,我必须要顶住所有的压力,全力以赴地走下去。

可一回到家里,再多的疲惫都要藏起来。自从创业后,孩子就完全交给保姆照看了,几个月了,我越来越忙,根本无法抽身顾家。我是有些愧疚的,所以想尽力弥补孩子,但凡有一点儿时间,我都会用来陪伴孩子。前阵子两个孩子同时生病,家里的长辈因为不同意我辞职创业,都不愿意过来帮我,我忙得焦头烂额,店里收支平衡的状态也变成了亏损状态。

一边是事业,一边是家庭,它们就像两只大手同时在我的两侧用力拉扯，我来回切换，到最后，连自己都不认识自己了！

小巩写字的手越来越重，写最后一个感叹号时直接划破了纸张。一股火气涌上来，她再也控制不住，把笔远远地甩了出去。

二、"我"的感受，是最真实的感受

"我这是怎么了？"小巩问自己。创业本来是想让生活变得更美好，怎么现在却走向了另一个方向？除了疲惫，还有什么样的感受？冷静下来的小巩拾起地上的笔，接着写日记。

我有什么样的感受？我最大的感受就是累。每天在家庭和店铺之间奔波，分身乏术。我好想放弃，但放弃家庭是不可能的，那就只能放弃事业了。可事业是我一直以来的梦想，这才开始几个月就放弃，我真的很不甘心。不放弃，我又觉得自己在孤军奋战，两边都没有人支持我、帮助我，没有人与我并肩作战。所有事都是自己硬着头皮上，而且没有退路。

一想到自己在孤军奋战，我就感到伤心和愤怒。家庭又不是我一个人的家庭，为什么所有事都要我来承担？事业上我需要有人替我分忧，做我的后盾，可是家人们都不理解我，他们都等着我失败后回归家庭，老老实实做一个家庭主妇。家里也没有人帮我，老公经常出差，一点都指望不上。

其他感受呢？对了，我还很迷茫。其实我现在真的有些动摇了，是不是我当初做的这个决定是错误的？老公之前跟我说过，做生意需要合适的时机，让我晚几年再考虑，事实证明，现在的时机真的不太好。我不知道后面的路应该怎么走，目前只能撑一天算一天。我完全失去了动力和方向。

其实还有深深的焦虑。为了这家店，我投入了这几年所有的积蓄，一旦失败退场，资金就全部打了水漂。这样的危机感压得我一刻都不敢放松。家里的长辈因为我疏于照顾孩子，对我已颇有微词。在他们面前，我底气全无。这几个月是我这些年以来最焦虑的一段时间……

小巩一点一点地梳理着自己的感受。虽然劳累、愤怒、迷茫、焦虑，但她发现，当把这几点写出来以后，心情似乎就没有那么沉重了。

三、"我"的问题，就是现在面临的所有问题

在我的这些感受里面，到底隐藏着什么问题呢？

小巩将笔记本翻了一页，晃了晃手腕，继续通过写作找寻答案。

累，是因为需要做的事情太多，而精力有限。无论是店铺这边还是孩子那边，都需要我花费很多时间，但无论哪一边我都脱不开身。回过头想一想，当时盘下店铺是有些冲动，对于蛋糕店如何运营、如何管理，资金如何分配，我一概不知，只是凭着一腔热情去做，并没有做好充分的准备。老公当时的劝阻也并不是没有道理的，如果我能将准备工作做足，可能步入正轨的时间就会大大缩短，我现在也不会这么吃力。

家人的不支持让我感到失望和难过。他们采取的方式固然不对，但我自己有没有问题呢？似乎我自己的问题也不少。因为太想证明自己，所以我什么事都自己去扛，遇到困难不敢也不愿和家人说，怕他们否定我、笑话我。我很少和他们沟通，做的很多决定都没有和他们

商议，就像老公说的，我总是一意孤行。我认为没有人理解我，现在想想，没有合理的沟通，哪有贴心的理解呢？

那我到底应不应该放弃呢？对此我心里其实是有一个明确的答案的，那就是坚持下去。放弃，损失的不仅是钱，还有自己长久以来的希望。如果这次失败了，或许以后我再也没有这样的机会了，我只能继续找一份清闲的工作，或者专心做一个家庭主妇。

至于焦虑，只要解决了前面的问题，焦虑自然会消失。如果事情向好的方向发展，那时就只有喜悦，而不会有焦虑了。

小巩越写越快，她感到如释重负。虽然写久了颈部有些疼，但小巩还是决定一鼓作气写完这篇文章。

知道了问题在哪里，下一步我要怎么做呢？

小巩在新的一页写下这样一行字。

针对自己准备不充分的问题，我需要学习店铺运营的知识。一方面，我可以向身边的人请教，虚心学习他人运营店铺的经验；另一方面，我可以在网上购买课程，学习自己所欠缺的知识。对了，我的发小杨洋也开了一家店，离我的店不远，虽然他的店不是蛋糕店，但店铺运营的方法都是相通的，我先和他联系一下，看能不能到实地学习一下。

今天晚上，我要和老公认真沟通一下所有的问题，把我的处境、想法和困扰都和他说说。希望我们的关系能缓和，希望我能得到他的支持，进而得到家里长辈的支持。

还有，我要给自己设定一个期限。三个月内，如果蛋糕店的生意还不能好转，我将回归家庭；如果形势逐渐好转，我打算聘请能干的店长，让自己从中抽身。在这三个月内，我争取做通长辈的思想工作，让他们暂时代替我照顾孩子。

当然，还有一点是必不可少的，那就是改变心态，我要将悲观的念头彻底丢掉。

小巩用力捏了一下握在手里的笔，她接着写道。

通过写日记，我发现了很多隐藏的问题，如果不这样理清思路，我可能还找不到解决的办法。

人无法在两个地方同时投入全部的精力，而我之所以遇到这些问题，并不是因为我能力不足，而是因为我没做好准备、没调整好自己的心态，以及没获取家人最大程度的支持。但我相信，接下来，只要我认真地思考，努力改变，未来一定会好起来。

合上笔记本，小巩紧锁的眉头终于舒展开来。她拿起手机拨了一串号码，那边很快就接通了，小巩诚恳地对着电话说："杨洋，我来拜师了……"

划重点 写作疗愈方法1——学会用"我"开头

为什么小巩会感觉很累?因为之前她把所有的注意力都放在"事情"上面。她发现事情很难,她发现自己无能为力,她发现所有人都反对她,这些问题和压力都落在她身上,所以她感觉很累。在忙乱中,她忽略了自我:"我"面对的问题到底是什么?"我"的感受是什么?"我"自己的目标和想法又是什么?当把注意力重新拉回到"自我"时,她找到了解决问题的办法。

有时候困难之所以让我们感到疲惫,是因为我们自觉地把它们当成了假想敌,当你真正想清楚外界的这些东西对你的意义,你就会有所取舍,从而做出更理性的决策。只需要用"我"开头——也就是使用第一人称,通过写作回归自我,写作就能发挥其疗愈的作用。

写作疗愈练习5

写出你所经历的喜怒哀乐

　　日记看起来记的是"事"，但其实很多时候记的是心情。请以"我的喜怒哀乐"为主题写一篇日记，记录你最近经历的令你产生各种情绪的事情。在写日记的过程中，再一次体味你经历这些事情时的感受。

写作创可贴

1. 用第一人称"我"，写出自己最明显、最强烈的情感。

2. 写出其他负面感受，并分析是什么使"我"产生这样的感受。

3. 用第一人称"我"来分析自己在整个事件中存在哪些不足之处。

4. 从观察者的角度为"我"设计解决方案。

第二节 用"你"的口气和自己对话

一、骂自己的雪菲

你真是个笨蛋！

雪菲在文章开头写下了这样一行字。

她前不久面临一个两难的选择，有两条方向不同的职业道路摆在她面前让她选择，她犹豫不决，最终都错过了。雪菲捶了一下桌子，继续写道：

你现在的工作是销售，你一直在考虑换工作，上个月投了一份简历，想转行做文案。事情进展得很顺利，已经到了复试阶段，你很开心。可是没想到，这时候人事经理突然找你谈话，说要提拔你做部门经理，你本来很坚定要跳槽，这一下变得犹豫不决。销售不是你最喜欢的工作，已经做了几年了，你觉得很累，想转行，但是晋升的机会很难得，部门经理的工资也会上升一个档次。可文案是你喜欢的工作，因为没有相关工作经验，你能走到复试阶段很不容易。但是去做文案工作就得从最基础的岗位做起，工资也会比现在少，能发展到哪一步也是未知数……

你真的很纠结，那几天问遍了周围的所有人，可是每个人最后的建议都是看你自己的意愿。

人事经理要你做好上岗准备，那边面试的公司通知你准备好相关材料。你左右为难，茶不思饭不想，结果复试时你的状态非常差，最后与文案工作失之交臂。而公司这边，人事经理看你犹豫不决，郑重其事地找你谈了一次话，说需要再考察一段时间，延期上岗。

这样的结果不是你想要的啊！本来是两件好事，最后却一事无成。你真的太没用了！

写到这里，雪菲骂出了声："你真是太没用了！两个这么好的机会，你却一个也没把握住。"

二、"你"到底是怎么回事

已经到了吃晚饭的时间，可雪菲一点儿都不饿，她没有心情吃东西。她想知道为什么自己明明拿了一手好牌，却打得这么烂。于是她继续在文章里寻找答案。

你到底是怎么回事？

她写下一个大大的问号。

明明是两件好事，为什么会落到现在这个地步呢？你是选择困难，还是处事能力差？

好像一直以来，你并没有选择困难的问题，无论是购买物品还是做出决定，向来可以做到当机立断，那为什么这一次如此犹豫呢？

是啊，为什么呢？这应该不是自己的性格问题，那是什么原因呢？雪菲一边想一边写。

在销售岗位上工作了这么久，随着年纪的增长，你越来越吃不消。无论是谈业务还是加班，你在精力上已无法和现在的年轻人抗衡，特别是结婚后还需要照顾孩子和家庭。你有更换工作的念头已经很久了，只是因为不知道选择什么方向而迟迟没有行动。

最近半年，因为朋友的关系，你接触到一些文案工作，发现自己对这份工作有着浓厚的兴趣，于是你自学了一段时间的文案课程，希望可以转行。投了几个月的简历，你终于得到了反馈并且顺利通过了初试。虽然不知道能否胜任这份工作，但得知初试通过的时候，你的确很受鼓舞。

可是没想到，在这个关键的时候公司要提拔你。虽然你并不喜欢销售工作，但是升职加薪的确挺诱人的，职位晋升还是小事，关键是每个月的工资也会多起来……

写到工资，雪菲突然有了很强烈的倾诉欲。自从家里多了一个孩子，家庭支出日渐增多，雪菲和她的老公经常感觉钱不够用。她决定先把心里的这些话写出来。

知道你为什么纠结了，说白了，还是因为钱。关于孩子的各项支出占了家庭支出的一大部分，如果做了部门经理，工资会翻一倍，还会有相应的绩效奖金，这样能大大缓解家庭的资金困难。如果去做文案工作，要从新人做起，这几年的销售工作经验等于都丢掉了，而且刚开始做文案工作，工资会很低，这对你和你的家庭来说，都是一个不得不面对的问题。

所以你犹豫，主要还是因为对未来没有安全感！

写下这样一句结论，像是打通了雪菲心里的一堵墙，她一下子明白了，自己之所以犹豫，其实是因为被收入绊住了手脚。

三、"你"对这个问题怎么看

兴趣和收入的矛盾，就像理想和现实的矛盾，这才是问题的根本所在。

雪菲接着上面的结论继续写。虽然明白了问题出在哪，但是雪菲又有了新的困惑：当理想和现实发生冲突时，应该选择哪一边呢？

选择理想，就要降低生活质量，且未来也并不明朗，能否在理想的道路上达到目标，这是很难预测的一件事；选择收入，目前看起来这是很稳妥的一个选择，在这条路上走下去，不会有太大的风险，家庭会更加稳固，但这会违背你内心的追求。这真的是一个大矛盾啊！

你必须拿个主意。

雪菲在进行利弊分析后，再一次逼问自己。

怎么办？先不要理会现实问题，就问你的内心，你怎么看？

她接着写。

在你心里，你应该是倾向于选择理想的。因为当收到文案工作的拒绝通知后，你沮丧了好几天，对人事经理提醒你赶快做上岗准备的事都心不在焉。而对于错失部门经理这个职位，虽然遗憾，但你并没有太强的失落感。由此可见，你对自己的兴趣和理想更加看重。

既然是这样，那你就不应该再纠结于收入问题。如果真的害怕家庭资金周转困难，那么你从现在起就应当做好转行的准备，争取家人的支持。转行后，你要拼尽全力，努力做好文案工作，争取以最快的速度成为熟手，积累经验，为自己升职加薪打下坚实的基础，而不是还没开始就信心不足。

所以，你现在就不要再犹豫了，立刻做好下一步的计划，稳扎稳打地朝着理想前进吧。

雪菲紧锁的眉头终于舒展开来，她捏了捏自己僵硬的脸，露出了久违的微笑。

心情舒畅了，雪菲的思路也变得无比清晰。只要做出了最终的选择，后面的安排就顺理成章了。雪菲继续在文章里跟自己对话。

你下一步要怎么办？

做出这个决定后，一切似乎都变得清晰了，未来好像也没有那么可怕了。你甚至觉得，面对这份不熟悉的工作，也能信心十足。

那么接下来，你首先要争取家人的支持，并做好资金保障工作。在离职前的这段时间，你要提高业绩，多拿绩效奖金，增加整体收入，同时规划好支出，有计划地攒钱。

其次，你要进一步加强文案方面的知识积累，多向有经验的人学习。如果有机会，你可以接一些文案方面的兼职工作，锻炼自己的实战能力，在工作之余，为自己增加转行的筹码。

再次，你要对现有工作负责。一旦做好准备，你就要提前和现在的主管沟通，提前一个月递交辞职申请，为公司留出调配人手的时间。同时，这样做也是破釜沉舟，不让自己有退路，辞了工作，自己就只能勇往直前了。

最后，一旦选择了文案这份工作，你就不要再瞻前顾后，更无须后悔。做自己喜欢的工作是最幸福的事，相信未来你一定会在这条路上越走越远……

写下最后这串省略号，雪菲的思绪仿佛也跟着文章所描绘的前景越飘越远。关上电脑，雪菲为自己做了一顿丰盛的晚餐，算是犒劳自己。不过，她最想感谢的，是自己和自己的这场文字对话，这场对话不仅让她从情绪低谷走了出来，还让她前行的路变得更加光明。

划重点　写作疗愈方法2——学会把自己当成旁观者

明明一手好牌，却被自己打得稀烂，雪菲也不知道问题到底出在哪里，她只能一遍遍地问自己："你到底怎么了？"

用"你"来开头的写作方式叫第二人称写作，它天然地带有一种盘问和探寻的意味。从这种旁观者的视角出发，雪菲可以很客观地帮自己分析：纠结的背后到底是什么在作祟？

"你为什么对销售工作提不起热情？""你为什么对文案工作心怀希望？"当雪菲开始用"你"字开头的句子问自己时，她就自动进入了写作疗愈的模式——她听到了自己内心的声音，进一步明确了自己的目标，也制订了具体的计划。当一切都清晰地摆在眼前时，理想就不再遥不可及，而变成了可以一步步落实的"小目标"。

写作疗愈练习6

最近你过得怎么样

  我们思考问题和写作的时候通常用的是第一人称，想的和说的都是"我"如何如何，其实如果换个角度，换成"你"如何如何，可能我们看问题的方式就会不一样。请以"最近你过得怎么样"为主题写一篇文章，跟自己谈谈心，把心里话写出来。

写作创可贴

1. 用第二人称指出"你"到底面临着什么样的困境。
2. 帮助"你"分析困境产生的原因。
3. 把自己当成一个旁观者，和"你"一起直面问题，帮助"你"做出选择。
4. 为"你"要走的下一步做出设计和安排。

第三节 自问自答,做自己的人生导师

一、钻牛角尖的如梦

如梦极度失望,因为她发现,当初自己那么痴迷的人,结婚后竟然完全变了个样子。她没有心思工作,干脆在文章中把老公的缺点一一列出来。

婚前,我们下了班就约会,回到家中也不忘聊天,每晚聊到深夜还舍不得睡。婚后,下了班回到家,他就只知道横卧在沙发上喊累,晚上聊天的次数也越来越少,更多的时候是各自捧着手机,要么就是早早睡觉。

婚前没有发现他有多缺乏耐心,现在才发现,很多事情都不能指望他。有一次我们商量去周边自驾游,提前做规划的时候,还没说几句话,他就借口太忙,把事情丢给我让我自己做决定。这点耐心都没有,其他事情更不用想了。

对了,结婚前他跟我说他能做一手好菜,可是结婚后才发现,他只会做简单的蛋炒饭,其他的从来没做过。

婚前他温柔体贴,婚后却大大咧咧。原来我有点不舒服,他就会嘘寒问暖,现在只会让我多喝热水。我发短信给他,他有时候回都不回;我打电话给他,更会招来他的埋怨。

现在我们一整天都说不了几句话,他越来越不爱理我,总是怪我无理取闹,还反过来问我怎么变成这样了。我感觉我们的关系已经降

至冰点，或许只差压垮婚姻的最后一根稻草了。

如梦越写越觉得悲哀。自己找的人，怎么会是这个样子？自己的婚姻，怎么落到了这样的地步？难道真的无药可救了吗？如梦心有不甘，此刻的她被一种绝望的情绪包围着。

二、环环相扣的自我提问

我和闺蜜倾诉，她只回了我两句话，她说我在钻牛角尖，还说像恋爱一样的婚姻是不存在的。

如梦的眼泪在眼眶里打转，她揉了揉眼睛，接着写。

但问题总要解决。既然没有人能回答我，那我自己来回答自己好了。

如梦决定依靠自己的力量，为解决问题寻求一个突破口。

都有哪些问题需要找到答案呢？

这是如梦写下的第一个问题。她略微思考了一下，把能想到的都写了下来。

- 老公变了，原因是什么？
- 我不能接受现在的生活，原因又是什么？
- 婚姻到底应该是什么样子的？
- 我现在不开心的原因到底是什么？
- 这段婚姻还有没有往好的方向转变的可能？

如梦一口气列出了五个问题，这些问题都是她认为必须要找到答案的。但是如梦看着这五个问题，依然有些迷茫。她仔细思考着每一个问题，逐一细化分解，并继续在文章中提问。

- 老公婚前婚后表现不一致，是主观因素还是客观因素导致的？他的本性不会改变，那么是什么造成他前后转变这么大，是他自己的问题，还是跟我有关？
- 我不能接受他对我热情骤减，这不是我想象中婚姻的样子，那我心中期待的婚姻是什么样子？
- 婚姻和恋爱，到底有什么区别？双方在相处时需要注意哪些问题？
- 我现在负面情绪的产生，到底是因为老公的转变，还是因为结婚前后的落差带来的失落感？
- 我们两个人，谁需要改变？我应当如何和他沟通？
- 写了这么多，其实我明白，我并不是想结束这段婚姻，我相信我们的关系可以变好，那怎样才能变好？我又应该从哪里做起？

随着问题越问越细，如梦的思路渐渐清晰起来。当写到"我并不是想结束这段婚姻"时，虽然还没找到所有问题的答案，但她已经知道问题的症结在哪儿了。虽然她很失望、很不满，但她更希望改变现状，让目前不完美的夫妻关系得到改善。

三、势如破竹的疗愈问题清单

如梦带着这样的希望接着写。

我想让我们的关系变好，那我需要做些什么呢？

她继续列问题清单，这次的清单更接近核心问题。

- 了解自己和老公对婚姻的期望，两者的共同点是什么？不同点是什么？
  - 他对我们的婚姻现状有什么想法？
  - 我在婚姻中有没有过错？存在哪些问题？
  - 下一步，我如何才能做到和老公有效地沟通？
  - 未来的我们应该怎么做，怎么维护这段婚姻？

虽然又列出了五个问题，但如梦觉得自己快要找到答案了。她长长地舒了一口气，内心也更加笃定。其实自己一直纠结于老公的转变，但问题的根源是两个人都没有好好审视婚姻关系，没有达成一致的意见，缺乏有效的沟通。

如梦把自己这一刻的真实感受都写了下来。

我连他有些什么想法都不清楚——我不知道他怎么看待我们的关系，怎么看待现在的生活状态，对我有没有意见和不满。我都没有走进他的内心，还有什么资格去埋怨他呢？

写完这些，如梦感觉整个人都轻松了很多，之前困扰自己的问题好像也渐渐有了答案。

既然要行动起来，就要从自己做起，主动迈出第一步。

问了自己这么多问题，如梦知道，现在到了作答的时候了。她在文章的最后一部分写下了给自己的建议。

问题其实并不难解决，但我一定要主动迈出第一步。

首先，我应当仔细寻找在婚姻中自己做得不对或不好的地方。我现在能想到的,有这样几点。

(1) 我希望两个人能够像恋爱的时候那样时时刻刻待在一起,但在婚姻中,两个人既要相互陪伴,也要有各自独立的空间。有时候,我只考虑自己的感受,并没有站在他的角度想一想他需要什么。

(2) 我总说他不跟我沟通,其实不沟通不是他一个人的错,我也经常因为想玩手机而懒得和他说话。后来出了问题,我也不愿意跟他交流,只是一个人生闷气。

(3) 说到底,我太过依赖他。婚前他对我照顾得太周到,导致很多事情我都希望他能帮我做主,可以替我分担。我应该变得更加独立,也应该对他多加照顾。

既然无法改变别人,那不如先从自己身上找原因。顺着这个思路,如梦不再钻牛角尖,她找到了解决问题的办法。

婚姻是两个人的事。他固然有他的问题,但我应该从自己做起,先迈出这一步。我应该主动和他沟通,不应该耍脾气,更不应该指责他。两个人应当心平气和地谈问题,这样既避免了争吵,也有助于问题的解决。我想好了,今天晚上我就和他谈谈。

(1) 先主动承认自己的错误,拿出诚意。

(2) 告诉他自己想改变现状,希望两个人的婚姻关系变得更好。我们俩还是有感情基础的,一定能越过越好。

(3) 找时间约他去一个环境好的地方,在温馨浪漫的环境中,回忆一下恋爱时的美好,有助于修补我们的关系。

写到这里,如梦已经想象出约会的场景了。她有些欣喜,好像自己又变成了那个18岁的少女。

她看了看表,刚好快到下班的时间了。择日不如撞日,还等什么,今天就是最好的日子。她拿起手机,找到老公的号码,刚要拨电话,忽然想到了什么,于是她打开微信,给老公发了一条消息。

你现在忙吗?如果不忙,我想约你晚上一起吃饭;如果忙,不用着急回复我,不要紧,我会等你。

第三章 写作疗愈的方法

划重点　写作疗愈方法3——自问自答，自我疗愈

如梦感到失望是因为她钻了牛角尖，她认定自己的老公变了，尤其是通过婚前、婚后的对比，她更加确信自己的判断是对的。

但如果把这个问题考虑得细一些：到底老公哪些地方变了？为什么变了？"我"的期待是什么样的呢？到底"我们"应该保持什么样的状态？当如梦这样问自己的时候，她突然发现，事情并不像她想象的那样。

这种自问自答的写作方法是写作疗愈的一种，它能让人快速找到问题的答案，而且自问自答更容易触及问题的核心。

通过这种方法，如梦最终找到了问题的答案，也迈出了与老公和解的第一步。

当然，她首先做到的，是与自己"和解"。

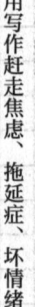

写作疗愈练习7

制作一份"我的问题清单"

在生活中，我们每个人都会遇到很多问题，这些问题就像一座冰山，有的处在水面之上，是我们看得见并且必须马上解决的，如怎么把专业课学好，如何通过面试，等等；还有一些处在水面之下，看不见也不需要立即解决，但这些问题会影响我们的状态，如"我"到底期待什么样的婚姻，"我"应该选择什么样的职业，等等。

试着制作一份"我的问题清单"，找出水面之下的问题，然后尝试自己回答。像案例中的如梦那样，把每个问题都往下深挖一层，你会更容易找到答案。

写作创可贴

1. 先说问题，注意提问时自己情绪的变化，想想自己最在意什么。
2. 对每一个问题，不要急于找出答案，先把问题向下拆解一层，想想问题的核心是什么。
3. 一直拆解到你能把问题想明白为止，写下你的思考过程。
4. 如果可以，在思考的基础上找出问题的答案。

第四节　内心的"小孩"，可以一直陪你到老

一、噩梦缠身的娟子

"不要！"随着一声惊呼，娟子猛地从床上坐起来。

她受到了惊吓，大口喘着气。房间里一片黑暗，娟子赶紧打开床边的台灯，柔和的灯光让她从噩梦中回到了现实。

梦里发生的事情无比真实。同样的梦境经常在她感到疲惫或者劳累的时候出现，尤其是最近，妈妈的突然出现更是把她的生活弄得一团糟。

她洗了把脸，来到书桌前。反正睡不着了，不如打开电脑写篇文章。她要把内心的恐惧写出来，这样也许心里能好受一点。

我又梦到她了，梦到她狠心离去的背影，梦到自己孤零零地站在空旷的院子中间。那可怕的孤独感和恐惧感围绕着我，我怎么都逃不出来。

我在一个充满暴力的家庭中长大。

写到这里，娟子的眼眶湿润了，她用纸巾擦了擦眼泪，接着写。

爸爸很爱喝酒，不喝酒的时候对我和妈妈还不错，喝了酒以后就仿佛变了一个人。他会把他的委屈、不甘、愤怒都发泄在我和妈妈的身上。后来，爸爸去世了，我和妈妈相依为命。虽然没有爸爸了，但那段日子是我最快乐的一段时光。可是没过多久，妈妈就狠心离开了我，她把我丢到老家后就消失了。我成了一个孤儿。

回忆让娟子再一次痛苦不堪，她仿佛又回到了过去——那一天，她看着妈妈离去的背影，撕心裂肺地哭喊，可是妈妈没有回头。

上周，突然有个女人出现在我面前，告诉我她是我的妈妈，想跟我相认。这是多么可笑的一件事！小时候，她把我丢下，现在我不需要她了，她却回来了。她回来做什么？我不需要她，我没有妈妈！！！

重重地打出三个感叹号，娟子抱住头，大声地哭了起来。

二、用对话解开心结

"叮咚。"手机响起信息的提示音。这么晚了，会是谁？娟子打开手机，一大段文字映入眼帘——那个自称是她妈妈的人在跟她倾诉这些年来对她的思念。

娟子看完后默默地将手机关机。她感受不到母女相认的喜悦，只觉得很空虚。她缓了缓，继续写文章，她想在文字里寻找安慰。

无论她怎么解释，我都无法原谅她。如果不是远房亲戚收留我，或许我早就不在人世了。她离开我的时候，根本就没有考虑过我，我为什么要原谅她？

娟子的内心涌起一股恨意，她紧紧地咬住嘴唇。

我能健康长大，有目前这种生活质量，一方面是因为我没有自暴自弃，另一方面是因为我一路上遇到了很多好心人。如果要感恩，我需要感恩的是这些好心人。

可是她明明已经走了，为什么还要回来？我一直在告诉自己，我是一个没有妈妈的孩子，我不需要妈妈，我已经让自己接受了这个现实，可是她为什么还要回来？

娟子在文章中不停地问自己。她知道，虽然她充满怨恨，但这个女人的出现已经彻底搅乱了自己平静的生活，她没有办法当这个人不存在。

我应该怎么办？

这么多年来，除了妈妈离开的那一天，这是娟子第一次感到深深的无助。她的文字里充满了困惑。

我要不要接受她？我真的不知道该怎么办。我没有和任何人说起这件事，我知道，别人也帮不了我，接受还是不接受她，最终还是要靠我自己来决定。

痛苦、压抑、纠结，这些负面情绪混杂在一起。深夜，娟子控制不住自己的情绪，泪水再次流了下来。

三、去童年回忆里找答案

哭过以后，娟子感觉舒服一些了，之前的噩梦带来的恐惧感也渐渐消散。娟子打开抽屉，翻出小时候和妈妈的合影，她摩挲着照片中妈妈的脸庞。这一刻，她很想弄明白一个问题：为什么自己这么恨她？

我恨她在我最需要她的时候狠心地离开我。我本以为我们会永远在一起，相依为命。我甚至都想到，等我长大以后，我一定会好好照顾她，让她幸福。可是这一切还没有开始就结束了。我以为妈妈的爱会让我幸福，可是她的离开让我到现在都还在疑惑，我到底有没有得到过妈妈的爱?她到底爱不爱我?

"爱"?写到这个字,娟子发现,原来自己所谓的"恨",并不是因为妈妈的离去,而是因为自己不确定妈妈是否爱自己。娟子低头看了看照片,接着寻找答案。

她爱不爱我呢?小时候我非常害怕爸爸回家,特别是他拎着酒瓶子回家,往往在那个时候,都有一场暴风雨等待着我和妈妈。每一次爸爸发脾气打人,妈妈都会让我躲在她的身后,在妈妈的保护下,我很少受到伤害,但是妈妈的身上经常伤痕累累。第二天,妈妈照常给我做饭,送我上学。她经常跟我说:"你是我最大的幸福。"

小时候每一次过生日,她都会送给我心仪的礼物。过年的时候,她给我穿上新衣服,带我去照相馆照相。后来爸爸去世了,我们的生活平静了下来。对了,我想起来了,妈妈在那个时候似乎隔一段时间就会跟我说:"孩子,无论发生什么事,你都要记得,妈妈永远爱你。"

今天晚上写了这么多,写着写着我才明白,我虽然怨恨她离我而去,但我更在乎的其实是她是不是真的爱我。我现在找到了答案——妈妈是爱我的。她的每一句话、每一个动作,都表明了她爱我。她当初离我而去,一定有一些迫不得已的原因。她这些年一定饱受思念的折磨,我应该原谅她。

娟子感觉自己已经随着文字飞回了妈妈的怀抱,童年回忆里和妈妈共度的时光像一团火,渐渐融化了她心里的冰雪。梦里那种绝望的孤独感也不复存在了。原来,答案都在回忆里。

事情已经过去了几十年了,妈妈也变成了一个老人。过去的,就让它过去吧!

写下最后一个感叹号,娟子打开了手机,手机"叮咚叮咚"地跳出来很多信息,全是妈妈的留言——有对过去的回忆,有请求原谅的话语,也有对过去不辞而别的忏悔。

娟子想到那天看见妈妈,她原本身姿挺拔,现在变得老态龙钟,脸上也爬满了皱纹。娟子当时就感到一阵心酸,现在想通了,她突然感到很心疼,妈妈这些年过得怎么样?她到底经历了什么?

写完这篇文章后,我要先给妈妈回一条信息。我们应该坐下来谈一谈。我已经不再恨她了,但是我还是想知道,当初到底发生了什么事,她为什么会抛下我。这是我的心结,我需要她帮助我解开。

无论妈妈给我怎样的答案,我都会接受,因为无论是什么原因,事情既然已经过去了,现在再纠结对错,没有丝毫意义。我还需要知道现在发生了什么事,为什么她会突然来找我。

弄明白这两件事后,我可以把妈妈安置到我的家里。如果她不愿意,我就给她租房子住。在以后的日子里,我要和她多沟通,重新培养感情。有生之年还能享受到母女亲情,还有什么是比这更难得、更幸福的事情呢?

写下这些文字的时候,娟子感觉自己又变成了一个孩子,她重新回到了童年,找回了童年的那些温情。过去,她的心里只有怨恨,每一次回忆过去都让她很痛苦;现在,经过这件事,她释然了,心里的一块石头也落了地。爱真的很伟大,爱的能量比恨大了不知道多少倍。

划重点

写作疗愈方法4——跟过去和解

童年的经历在娟子心理留下了阴影,虽然她长大了,但这个阴影一直挥之不去。妈妈的再次出现,勾起了她痛苦的回忆。

娟子必须借助文字回到童年,真正了解当时的情况,才能理解妈妈,进而宽恕伤害过她但与她血浓于水的妈妈。爱是唯一的救赎,只有宽恕了妈妈,她才能给自己松绑,才能彻底从童年的阴影里走出来。

疗愈内心的"小孩"是写作疗愈的深层方法,也是彻底解决内在问题的好方法。回到童年找答案,跟过去的自己和解,只有这样,我们才能一身轻松地面对现在的生活。

写作疗愈练习8

写一篇以"我的妈妈"为题的命题作文

如果要写一个除自己之外的人,大部分人可能都会写自己的妈妈。妈妈把我们带到这个世界,养育我们,妈妈可能是对我们影响最大的人。你跟你的妈妈有什么故事?提到"妈妈"二字,你会有什么感受?请以"我的妈妈"为题写一篇作文,写一写这个重要的人。

写作创可贴

1. 每个人的感情都是复杂的,你对妈妈的感情是什么样的?请写出来。

2. 少用形容词,多写具体的故事,越具体越好。

3. 写的时候,不要急于下结论,把故事写清楚,也把自己的感受写清楚。

4. 写的时候,用第一人称跟妈妈对话,这种角度更直接。

疗愈加油站

如何正确地给自己做心理咨询

第三章 写作疗愈的方法

心理学小课堂

一、什么是心理咨询？心理咨询应该如何做

心理咨询是指运用心理学的方法，为来访者提供心理援助的过程。

来访者就自身存在的心理不适或心理障碍，通过语言或者文字向咨询者进行倾诉、询问和商讨。双方一起分析症结、找出原因，进而找到解决问题的办法。在咨询者的引导下，来访者可以恢复心理平衡，增进身心健康。

心理咨询的过程一般分为三个步骤：首先，通过让来访者回答问题和搜集来访者的相关资料，全面了解信息；其次，和来访者探讨问题，挖掘问题的根源；最后，采取行动、解决问题。

实际上，任何一个心理咨询的过程（精神治疗除外），都不是咨询者单纯地给予来访者建议的过程，其本质都是咨询者引导来访者进行自我探究的过程，也是咨询者引导来访者主动进行自我发现、自我救助的过程。问题的最终解决，也是靠来访者的自我心理调节和自我纠正实现的。在这个过程中，咨询者起到的是引导和疏通的作用。

二、如何通过自我咨询解决实际问题

咨询者的角色是否可以由自己来扮演呢？当然是可以的。

本章的四个故事给大家展示了四种更加灵活的自我咨询方法，即用第一人称"我"来写作、用第二人称"你"来写作、用自问自答的方式写作、用童年回忆来写作。这四种方法都是让个体通过写作的方式，引导自己从自身所处的情境中脱离出来，从一个客观的心理咨询师（或第三者）的角度，为自己提出意见和建议。无论问题是出自外部、内部，还是出自原生家庭、童年时代，大家都可以通过这些方法来剖析、解决问题。

（1）用第一人称"我"来写作。最常见的形式就是写日记，通过日记来呈现自身的现状、问题，并在写作中寻求解决办法，这是直面自我的一个最简单也最直接的方式。

写日记可以让人脱离自我，从观察者的角度去分析事件和行为，并由此进入一种完全放松的、自然的状态，更加真实地体会自己内心的情感，从而正确认识和评估自己，对自己进行深入剖析，最终找到解决问题的办法。

（2）用第二人称"你"来写作。这更像是和"别人"的一场对话。所谓"当局者迷，旁观者清"，当从一种被求助的角度去倾听自己的想法时，我们会更有欲望和能力去帮助"求助者"理顺思路，找到答案。实际上，这相当于完成了一次自我咨询。

用这种方式写作，我们可以最大限度地产生共情，帮助自己排解负面情绪，稳定心情，保持头脑清醒，最终解决困扰自己的问题。

（3）用自问自答的方式来写作。每个人内在的想法和问题只有自己最了解，通过自我对话、自我问答可以不断挖掘问题的根源。在现实中，自问自答很难，但借助写作，个体可以营造平和的问答环境。在自问自答的过程中，个体会逐步发现自己内心真实的想法和期望，同时表明自己的意愿、决心和恒心，从而找到解决问题的方法。

（4）用童年回忆来写作。现在很多人会提到"原生家庭"对个体各方面的影响，认为一个人童年时期跟父母的关系很大程度上影响了他的性格。童年时期某些情感的缺失会对人的成长造成很深的影响。幼年时，因为判断能力不足，人们很容易将自己在此时期深刻的感触转化为长久的认知，并形成固有信念。通过写作回忆过去，找到自己当时并未发现的事实真相，个体可以对现在缺失的情感进行弥补，从而缓解焦虑，消除童年忧虑带来的长久困扰。

此外，根据所遇到的问题的不同、情境的不同，还可以采用很多其他的自我咨询的方式，这需要自我尝试和有意识的自我引导。尝试和引导的过程，其实就是把写作变成自我咨询和自我救助的过程。

以上四种写作疗愈的方法，几乎不会受到外界的干扰，不存在来访者和心理咨询师不匹配的现象，也不存在资料因个体隐瞒或者客观因素不正确而不全面的情况，问题出现方和问题解决方之间会实现最大限度的共情。而且这个过程不需要花费一分钱，自己给自己做咨询，永远是免费的。

课后写作练习：写作接龙

　　你有没有想过，为什么你不能控制自己的情绪，对最亲的人反而最凶呢？

　　假设你刚刚跟妈妈吵了一架，现在气消了一点儿，你突然感到很内疚，请顺着这种感觉，把你内心的想法写下来。（请接着写下去）

_____

_____

_____

1. 文章中的"我""你"都是写作时的人称，都是指自己。
2. 从"你"的角度发出质问的时候，自己要有被质疑的感觉，并想办法解释。
3. 不要担心说出心里话，因为越深挖越能发现问题。
4. 不要担心自问自答看起来很奇怪，与自己的内心对话是一种非常棒的心理修复方法。

第四章

我们每天都会接触很多新事物,认识外面的世界固然重要,但别忘了,一个人最先认清的应该是自己。你是谁?你的目标是什么?你的社会关系如何?你真的了解自己吗?

第四章

用写作认清自己

你是否有过这样的发现：原来我们最不了解的那个人是我们自己。我的性格是好是坏？我有什么特长？我最喜欢做的事情是什么？我所处的环境真的如我所见的一样糟糕吗？我到底值不值得被爱？我眼中的自己和他人眼中的我到底有什么不一样？

第一节 为什么越长大越孤单

一、总是感到孤独的如新

即便身边躺着老公和孩子，如新还是觉得自己形单影只。

她在黑暗中盯了很久的天花板，最终还是决定不睡了。于是她悄悄地从床上爬起来，蹑手蹑脚地来到客厅，窝进沙发，打开笔记本，她想用文字和自己说说话。

或许没有人可以真正懂另一个人，即便你们每天都生活在一起，你们的想法依然是南辕北辙。

如新写下这句话后，轻轻地叹了一口气。她透过窗帘的缝隙看向窗外，干枯的树枝在寒风中拼命摇摆。如新觉得有些冷，她起身拿了条毯子盖在腿上，又坐下来接着写。

你快乐的时候，没有人懂你。前天我的花店销售业绩创了新高，我特别想第一时间和家人分享自己的快乐，可当我满心期待地拨通老公的电话后，听到的却只是草草几句应付的话，即便他说了恭喜，我依然无法感受到他是真心为我高兴。

还有遇到烦恼的时候，等来的也只是敷衍的安抚。昨天孩子不停地吵闹，我一整晚都没有休息好，早上起来向老公诉苦，可他只是简单地建议我今天干脆不要去花店了。那怎么能行呢？店员小李正好请假，我再不去，花店就只能歇业一天了。这算什么关心！

我生病了，发信息给他，他却只会说吃药、喝水。外面的世界再冷，也冷不过这冰冷的心，他真的让我很失望。

如新揉了揉眼睛，止住了要涌出的泪水。这时手机提示音响了起来，这么晚了会是谁？打开微信，映入她眼帘的是一张又一张的海边美景照片。原来是如新的同学在群里发照片，美景中间是同学和她爱人甜蜜的合影。

这些照片更加刺痛了如新的心，她正要关掉，这时照片下面又跳出来一行字："亲爱的同学们，国内现在应该是半夜吧？可我太想和你们分享了。这里太美了，在这里的每一秒，我和老公都觉得特别幸福，你们有机会也一定要来啊！"

如新想到自己很久都没有和老公出去旅行了，眼泪止不住地流了下来，她无力地把手机丢在一边。

二、渴望被关心

如新一直以来都觉得自己是孤独的。小时候，父母不会与自己谈心，而作为独生子女，她也没有兄弟姐妹的陪伴，好朋友随着时间的推移也在不停地更换。她特别希望自己能够找到心灵契合的另一半，可是现在看来，这也是一种奢望。

如新想到这些，又重新捧起笔记本，写下自己的困惑。

为什么会这样呢？是他们的问题，还是我自己的问题？

她边写边寻找答案。

是因为我不自信吗？好像并不是，一直以来，我都对自己的工作能力和交际能力很有信心。但是我渴望的不是工作伙伴，也不是客套的交往，我希望拥有一个看到我的眼神就能够懂我的人，或许是我的要求太高了。

是因为我不够豁达吗？似乎也不是，我并不是喜欢斤斤计较的人，很多事对我来说都无所谓，我曾经轻易地就原谅了一个对我进行恶意攻击的同事。但是身边的人，他们总是让我失望再失望。

我多希望有人在第一时间就能明白我的喜怒哀乐！即便他们不能给我有效的建议，我也不在乎，只要有人能给我温暖的安抚和陪伴就好，这就是我简单的要求。

"陪伴？"写下这两个字，如新有种找到关键线索的感觉。她一下抓住了这个稍纵即逝的念头，努力在脑海中搜索。她想："难道我只是渴望陪伴而已？"她一下子来了精神，提起笔飞快地写下去。

其实懂不懂我，好像真的没有那么重要。比如，在分享快乐时，我只是希望对方可以跟我表现出一样的快乐。我吐槽抱怨，也只是希望对方能够跟我有一样的情绪，至于采取怎样的措施解决问题，我好像真的不在乎。

也就是说，我只是希望得到一定程度的关注而已，一旦对方给我的关注不够，我就会产生负面情绪，认为自己是孤独的。而实际情况是，对方可能真的是在认认真真地从理性的角度给我帮助。

我明白了，也许我感到孤独都是因为我对自己关心过度，我希望所有人都能够第一时间将注意力转移到我身上来。可是，我为什么会这样想？

写到这里，如新觉得自己的心结快要打开了，但是她又产生了新的问题："我为什么会有这样的性格？我到底是一个怎样的人？我是谁？"

三、你真的了解自己吗

如新坐在沙发上，愈发清醒，她没有停笔，一边思考，一边把自己提出的问题一一写下来，她想逐一找到问题的答案。

我是谁？我从来没想过这个问题。从小到大，我一直考虑的是我的家人、我的同学、我的朋友，思考他们是谁、他们是怎样的人，那我呢？

我的性格是什么样的呢？我沉稳、不喜张扬、偏内向。我的兴趣是读书，喜欢写些随笔。

如新继续一点一点地剖析自己。

我认为自己是没有事业心的人，渴望过安逸、随心一点的生活。可老公总说我太好强，喜欢把控一切。这个似乎是事实，因为我希望家人们按照我的想法去做一些事，如果他们没有按我的想法来，我就会没有安全感。

我还习惯察言观色。我一直以为这是优点，但现在想来，我在这方面也有些问题，因为在和别人相处时，如果对方有一点情绪上的异样，我就会审视一下自己，看是不是自己做错了什么而惹恼了对方。我是一个太过在意他人看法的人。

为什么会有控制欲？为什么那么在意别人的看法？如新继续在文章中分析原因。

大概是因为只有通过这种方式，我才能得到关注、受到认可、获得安全感，从而增强自信心。那这么说，其实我的自信心并没有我想象的那么强大，就像上学的时候，在数学课上，我因为做对了一道题被老师特意表扬过一次，之后我对这门课就特别有自信。而如果我没有得到老师的额外关注，那我的这门课的成绩可能就不会特别突出。

而太过在意他人，过分关注他人对自己的态度，说白了，这也是对自己不够自信造成的。只有被别人认可才知道自己的价值所在——看来这就是我的症结所在了，这才是真实的我。

如新深深地吸了一口气，她抬起头，看到沙发对面的电视屏幕里映照出自己憔悴的面孔。如新盯着屏幕上的自己看了很久。

我要通过对自己的认可来增强自信心。

天已经蒙蒙亮了，如新依然在努力地寻找自己。

第一，不再纠结于他人对自己的态度，理性看待他人对自己的看法，多和家人进行交流，及时表达自己的所思所想，确保自己不被情绪所牵制。

第二，向内看，多进行自我鼓励，加强和家人的协作，养成和家人共同商讨问题的习惯，并相信他们能和自己做得一样好。

第三，尽可能利用节假日和其他休息时间，和家人一起做一些轻松愉快的事情，如看电影、郊游、聚会等，增强家庭亲密度，并将日常生活中幸福的事情及时记录下来，将老公对自己的每一次建议和关心也记录下来，定期翻看，培养乐观的心态。

第四，珍惜每一次和老公沟通交流的机会，尽可能地了解他的想法，了解他的困惑、他的烦恼，感受他的快乐，帮助他找到一些问题的解决办法。先认识自己，再认识他，这样我们才能够真正实现精神契合。

凉风袭来，如新却一点儿都没有感觉到冷，反而觉得心里暖暖的。她透过写下来的这些文字，看到了之前那个歇斯底里的自己，也看到了现在这个内心充满感激的自己。她看着笔记本上的文字，心里充满了希望。

划重点
去认识那个最熟悉的陌生人

如新觉得别人不理解自己，也不关心自己。她感觉自己越长大越孤单，甚至成了孤苦伶仃的一个人，她认为这是她不开心的根本原因。

过于渴望被别人关注其实是不够自信的表现，如新也发现了这一点，于是她开启了写作疗愈之旅。她分析了自己的性格，把自己和自己的处境都放到"文字"这面镜子里去观察，她发现原来自己并不可怜，而且她完全可以通过做一些事去争取自己想要的关注和温暖。

原来，自己才是那个最熟悉的陌生人……

写作疗愈练习9

以"我"为主题写一篇文章

我们写过各种关于人物的作文,比如《我的妈妈》《我的老师》《我的朋友》等,却很少写自己。其实,描述自己比描述别人更困难。你是你自己"最熟悉的陌生人",看起来你很了解自己,但你真的了解吗?请以"我"为主题写一篇文章,好好认识一下自己。

写作创可贴

1. 选择一个安静的环境,避免被他人打扰,尽可能让自己的情绪舒缓,然后与自我对话,写出自己的困惑和渴求。

2. 通过问自己问题,如"我的性格是什么?""我是怎样考虑问题的?""我是怎样与他人相处的?"等挖掘自身内在的问题,并找到症结所在,了解真正的自己。

3. 通过分析自己的性格,形成正确的自我认知,结合上面的问题,逐一列举解决方案,实现真正的内在平和。

第二节　没有目标的日子好可怕

一、没有方向和目标的木木

毕业三年了，木木一直在一家只有十几个员工的广告公司做前台。薪水在三年里涨了500元，但她依然是公司里工资最低的那个人。

虽然如此，木木却没有太强的紧迫感。前台工作是轮班制，每天只需要工作六个小时，每当看到公司里的一些设计师忙忙碌碌、加班加点工作的时候，木木就觉得自己这点儿薪水也没什么不好，至少轻松自在。

因为公司小，管理也并不严格，木木在上班期间有很多时间做其他事情，如写文章，木木会把自己的烦恼全部写进文章里。

今天妈妈要我努努力，找一份有技术含量的工作，可是我的专业很普通，许多工作要求专业对口，或者有相关经验，什么都没有的我能做什么呢？再说了，现在这样也没什么不好，每月的工资足够我支付房租和日常开销，难道轻轻松松地活着不好吗？过一天算一天吧，不必想太多。

木木最近总是被妈妈唠叨，妈妈让她换一份工作，可木木并没有太把妈妈的话放在心上，她觉得前台工作与自己的能力相匹配。她摇摇头，接着往下写。

前台工作也并不好做，需要有接待能力、应变能力、反应能力，还有一些琐碎的行政事务也需要我负责处理。想要做有技术含量的工作，得慢慢来嘛！

正写着，电话响了，木木拿起来一看，是房东，又要交房租了吗？木木疑惑地接通了电话，另一端传来客气却很强硬的声音："我说木木啊，下个月我不能不涨房租了，愿意比你一个月多给1000元钱的人都排着队抢着租呢，如果你给不了这个价，那不好意思，我只能租给别人啦！"

放下电话，木木有些恍惚，一个月多交1000元钱的话，那自己的生活费就所剩无几了。这个房子她已租住了三年，多少有些感情，离公司也近，如果不租了，那要搬到哪里去呢？如果还要房租低一些，那是不是就要搬得远一点了？

木木揉了揉眼，内心慌张起来。突然，"啪"的一声从上方传来，木木条件反射性地抬起头，看到的是老板阴沉的脸。刚刚"啪"的一声，正是老板拍隔板的声音。

"跟你说了多少次了，上班要专心一点，刚才有推销员直接闯进了我的办公室。连个推销员也看不住，我还要你在这里做什么？赶紧走人吧！"

二、茫然，是将错就错的根源

走人？木木没有想到自己会失业，更没有想到房东会将她赶出门，这一天真是自己有生以来最惨的一天。

回到住处，木木环顾着住了三年的房间，不由地悲从中来，泪水止不住地往下掉。

房子还有十几天到期，她现在迫切需要找到下一份工作，不然即便不涨房租，她也租不起了。可登录招聘网站后，木木竟然不知道自己除了前台工作还能做些什么。

我应该怎么办？

木木不知道该去问谁，茫然间，她不由自主地打开Word文档，敲下这一行字。

我现在真的很迷茫，未来的路应该怎么走？我之前应该听妈妈的，提早准备，增强个人能力，让自己拥有一些技能，这样遇到突发事件时，就不至于落到这步田地。

可一无所长的我，现在不可能马上就找到新工作。一切都来不及了，我能做什么呢？实在不行的话，那就还是只能做前台，至少我有工作经验，不然，我还能怎么办？

可是，这真的是我想要的生活吗？

木木通过文字认真地问自己，她扶着脑袋专心思考了一阵，然后用文字给出了一个坚决的回答。

不，我不能再重蹈覆辙了，这一次我应该破釜沉舟，逼自己一把，从头开始。

她暗下决心："今天，一定把这条路找出来。"现在，就是现在，她要深入地想一想，看看自己到底能做什么，有哪些突出的性格特征，然后再看看有哪些和自己的能力匹配的职位。

其实我从来没有认真地了解、分析过自己，一直以来找工作都是随心所欲，得过且过。从今天开始，我应该改变这种状态，这件事一刻都不能耽搁，我需要马上就做！

这一刻，木木感到有一股消失了很久的力量重新回到了自己身上。

三、没有什么比写作更能使自己看清自己

要想知道自己能做什么，就得先知道自己有什么。顺着这个思路，她开始在文章中问自己。

我有什么优势？我擅长什么？

木木边写边回忆。

大学的时候，我最喜欢的是篮球，我加入了学校的篮球协会，并且在一次全市大学生比赛中取得了团体第一名的成绩。可是这跟我的工作好像关系不大。除了篮球，我还擅长什么呢？

除了专业以外，我还用课余时间考取了会计资格证书，那时候是兴趣使然，但是证书下来后，我连看都没看过它一眼。对了，我是不是可以考虑尝试做会计工作呢？

当然，我还喜欢写作，在学校担任过学生会的宣传部部长。但说是写作，其实也只是写一些零散的校报文章，不知道我能不能发挥一下写作的特长呢？

不写不知道，一写吓一跳。在梳理中，木木发现了自己的一些兴趣和特长，本来她还觉得自己一无是处呢！

分析完兴趣和特长，木木开始分析自己的性格。

其实我属于内向沉稳型的性格，前台工作好像不太适合我，这份工作虽然门槛不高，但是想做好并不容易，它需要很强的应变能力和待人接物的能力，这些都不是我擅长的。我擅长的应该是需要耐心和

细心的工作，比如会计工作就很适合我，这和我的性格是匹配的。而且会计的工资比前台的工资高出很多，如果我能找到一份会计工作，那我就不用为我的房租发愁了！

分析到这里，木木感到很开心，至少目标已经明确了。通过梳理，木木看清了自己，也为自己设定了新的奋斗目标，下一步就是朝着自己的目标努力了。

有了奋斗目标的木木一刻也没停，她马上登录招聘网站，查找会计的相关职位。

不过事与愿违，很多岗位都要求有工作经验，虽然木木有一纸证书，但是这三年来，她没有做过会计工作，也没有接触过任何跟会计有关的事情。木木感觉好像有一盆冷水浇到了她的头上，这盆水差点把她内心刚刚燃起的小火苗给浇灭了。

即便有些失落，木木也并没有丧失斗志，她知道自己应该朝哪个方向努力。既然想做会计，但又没有工作经验，那就从现在开始努力吧！

木木挑了几份财务助理的工作，这些工作看起来比较简单，而且自己过去做过行政工作，行政相关的工作经验对做财务助理也有帮助。她想试一试，毕竟自己也不是一点儿基础都没有。

带着期待，她又打开文档继续写。

我知道自己和其他人比还差得远，也许这次我并不能顺利找到一份会计工作，但是此刻，我的心是安定的，我知道自己应该怎么做。如果这几份简历投递出去之后没有收到任何回复，那么我就暂时先去找一份和之前的工资不相上下的前台工作来维持生活。我会和房东沟通，希望他给我延期三个月，三个月后，我会补交房租。

利用这三个月的时间，我会抓紧学习会计的相关知识，如果可以，我还会利用业余时间去找一份和会计相关的兼职工作。另外，无论是否能找到会计工作，我都要抓紧时间考取更高级别的会计资格证书，给自己增加竞争筹码。同时，在这三个月内我要省吃俭用，留足资金，以备不时之需。三个月后，我将重新寻找会计方向的工作，眼光不能太高，可以从实习生或者见习岗位做起，工资低一些也没关系，只要自己先跨进这一行，之后通过努力不断地提升自己，工资也会相应地上涨。

如果顺利，房子还可以一直租住下去。如果这三个月并不顺利，那么放弃这个房子也没什么大不了的。这三个月我要一边学习一边找房子，具体安排视情况而定，一旦出现问题，我就马上搬到房租合适的地方去。

我希望未来的自己可以在会计这条路上越走越远。这是一份有很多晋升机会和晋升渠道的工作，无论遇到什么困难，我都不能轻易放弃！

写下这些文字后，木木一下子轻松了起来，好像失业和涨房租也不再是天大的麻烦。甚至有那么一刻，木木对这些麻烦还有了些许感激，如果不是被逼了一把，自己可能都不会花时间思考未来的方向。现在的她，内心充满了拼搏的动力。

划重点 有目标，人生才有奔头

刚开始的时候，木木觉得目标、前途都是很虚无的东西，她觉得过一天算一天就好，想这些纯属多余。对于母亲的督促，她根本听不进去。但当她开始独自面对生活压力的时候，她意识到，目标其实是个人生活不可或缺的一部分，它不是别人给你的任务，也不是必须完成的作业，而是融合了自己特点的人生设定。

通过写作，木木明确了自己的目标。在这个过程中，她梳理了自己的想法，更清楚地认识了自己。通过写作，她消除了内心的忧虑，也获得了疗愈。

写作疗愈练习10

"我的最爱"到底是什么

我们很容易被一些东西吸引，或者沉迷在一些事情里，如看电视剧、打游戏、"刷"朋友圈等，但这些事情并不一定是你的兴趣。想一想，有什么事能长久地让你开心？如跑完半程马拉松，亲手做了一个皮包，通过了某个课程的考试……把"我的最爱"写下来，注意体会写作时找到自我的那种感觉。

写作创可贴

1. 你最爱的事不一定是人人都追求的事，这可能是属于你自己的小秘密。

2. 从最爱的事入手，想一想背后的原因，想一想你真正的兴趣是什么。

3. 想一想如何让自己的兴趣跟自己的职业生涯相关联，能否把自己擅长又热爱的事当成终生的事业。

第三节　为什么越亲密越伤人

一、家强的"暴躁症"

随着"砰"的一声响,家强的老婆带着愤怒和委屈冲出了家门,留下家强一个人在房间里后悔不已。他刚刚又不受控制地发了火,但结果一般都是这样:老婆怒气冲冲地回娘家,小事没有解决,他们的夫妻关系反而越来越糟糕。

家强也有一肚子委屈,他认为这些事本没有什么可争执的,但令他苦恼的是,他真的很难揣测老婆的想法。无论大事小事,自己总是很难和她达成一致。老婆经常抱怨他不善解人意,而家强觉得老婆斤斤计较,在她眼里自己怎么做都是错的。

他在凌乱的客厅里坐了一会儿,感觉一口气堵在胸口,于是他走进书房,打开电脑,把心里的想法都写了下来。

这个月吵了三次架,刚刚她说,如果我不改一下我的坏脾气,她就再也不回来了,真的是因为我暴躁吗?为什么她不检讨自己呢?

我都能清楚地记得每次吵架的内容。第一次吵架是因为买一件东西,我们喜欢的样式不一样,但两个人都坚持自己的意见,说着说着就吵起来了。

第二次是因为她在工作中遇到了不顺心的事,我出于好意,本着解决问题的态度给她提建议,她却怪我语气不好,于是没说两句,我们又吵了起来。

第三次就是今天这次了。我在工作中遇到了一些问题,心情不好,吃晚饭的时候心不在焉，但她总是跟我说话，我感觉很烦。就这样，我们又吵了起来。

她说她很受伤，她怪我总是无端地发脾气，可我一直认为每次吵架都是有原因的。我也是个人，我也会难受、生气、郁闷。为什么每次吵架后她能回娘家，回去之后还要我哄着她才愿意回来？凭什么啊？

家强紧锁眉头写下这些文字。写完之后，他深深地叹了一口气，嘴里念叨着："女人真是麻烦。"他想到老婆又回了娘家，后面还得自己收拾残局，这时，一股无名的邪火又蹿了上来。

二、吵架只会让事情更糟糕

在同事和朋友的眼中，家强幽默热情、能说会道。在单位，他与同事的关系都还不错，所以他一直对自己的人际交往能力很有信心，可谁又能想到呢，就是这样一个大家都觉得挺好的人，居然处理不好家庭关系。

家强端起桌上的茶杯喝了一口浓茶，这会儿，他渐渐冷静了下来，他想好好分析一下，为什么自己对最亲密的人反而没有耐心，为什么自己处理不好夫妻之间的关系。

他继续在文章里写道。

虽然很生气，但是我发现我现在最大的感受是疑惑，我不知道问题到底出在哪儿，我想知道为什么我们两个人的关系会变成现在这个样子。

我暴躁吗？我不觉得自己暴躁，从小到大，我很少和其他人起冲突。当然，这并不是说我的脾气有多好，可是像结婚后这种争吵……

唉！这么说吧，结婚这几年来吵架的次数比我结婚前二十几年吵架次数的总和还要多。真是奇了怪了。

她说我总是胡乱发脾气，是这样吗？我并不认同这一点，我每次都是在讲道理，明明是她不讲理，说不了两句就要跟我起争执，所以，怎么会是我的问题？明明每次都是她先挑起事端。

把不满和抱怨写下来之后，家强心里好受了一点儿。不过写完这些之后，他也开始反思，自己是不是真的没有问题。俗话说"一个巴掌拍不响"，吵架真的都是老婆的错吗？

坦白地讲，跟同事相处和跟家人相处还真是不一样。在单位，大家也会有不同意见，但一般大家不太会较真儿，更不会为一个问题吵得脸红脖子粗。跟同事聊天的时候，如果我不同意别人的观点，我会在潜意识里告诉自己，这是正常的，每个人都有自己的立场，我不能强求别人百分之百认同自己。但当我和老婆意见不一致时，我好像很希望得到她的认同，我甚至想去改变她的想法。就像上次她跟我说她们单位的事，我恨不得骂她一顿，她怎么能那样处理问题呢？实在是太不明智了！关键是我批评她的时候她还不高兴，看到她不听我的建议，我就更生气了。我越生气，她就越听不进我的意见，这大概就是那次吵架的根本原因。

"生气？"当家强写下这两个字，他自己都感觉有点奇怪。为什么自己不会对同事生气，却会对家人生气呢？按理说，一个人不应该对家人更客气、更友善吗？

其实我在一本书里看到过，这叫控制欲。我的确有想要控制他人的问题。我觉得她是我的老婆，理应听我的，她一旦背离了我的意愿，我就会很生气。其实不只是对另一半，我跟我的父母也会发生争吵，我会安排父母的生活，如果他们不完全按我安排的做，我就会很生气，觉得他们是老糊涂了。

写到这里，家强说不上来是兴奋还是纠结。兴奋是因为他好像找到了问题背后真正的原因；纠结是因为这种自我剖析让他觉得有点难堪。还好是以文字的形式跟自己沟通，要是有人指着他的鼻子说他控制欲强，他肯定接受不了，说不定还会和别人吵起来。

我也许并不是一个脾气暴躁的人，但我承认我比较情绪化，别人不惹我的时候，我是一个温文尔雅的人，但是不知道从什么时候开始，如果别人触到了我的敏感地带，我就会像定时炸弹一样突然爆炸。这一点我必须承认，我很容易被别人的一两句话"点燃"。尤其是跟最亲近的人在一起时，我觉得他们理应理解我，一旦他们说了我不爱听的话，我就很容易发脾气。

家强知道，自己是同事眼中的"好同事""好男人"，但的确，只要一回到家，卸下防备，他就会展现出一个更真实的自我。这个自我敏感、控制欲强，而且情绪化。另外，他发现了一个更严重的问题。

为什么我会肆无忌惮地跟家人发脾气？表面上，我觉得我发脾气是为他们好，比如为了让老婆工作得更顺利，为了让父母生活得更好。但实际上，跟家人发脾气是因为他们不能把我怎么样，大不了老婆回娘家——回去几天她还不是得回来；大不了父母生气——气消了还不是要跟我和好。我在一本书上看到过，我这种行为叫作"情感绑架"。当时看这本书的时候我就做了笔记，我也知道我有这样的问题，但是一回到现实生活中，我就全忘了。我还是觉得都是别人的问题。

三、了解自己比了解对方更重要

唉！现在看来，真正出问题的人是我。

家强感到心情非常沉重。

这是我性格的一部分，我能有什么办法呢？难道我能自己打自己十个巴掌吗？

要不这样，既然这一切都是因为控制欲，那么下次我尝试不再把自己的想法强加在别人身上，比如买东西，老婆爱买什么就让她买好了，反正天也不会塌。

还有我的父母，他们一直说要搬回老家去住。为了这件事，我们已经吵了好几回了。我觉得老家条件太差，想让他们留在城里享福。我虽然是出于好意，不过我是不是也应该尊重他们的意见，或者至少了解一下他们想回去住的原因？

想到这里，家强拨通了父母家的电话。"嘟……嘟……嘟……嘟……"那边没有人接听。家强没有等，也没有继续打，他知道，父母看到未接电话一定会回电话。

另外，我要刻意去调整自己的情绪。我这个人平时还好，一遇到问题就控制不住情绪。我经常把最亲近的人当成自己的"情绪垃圾桶"，可能在潜意识里，我觉得跟他们关系近，所以他们会无条件地接纳我、包容我。

再者，我不能天天想着跟别人讲道理。之前在书上看过这样一句话："家不是讲道理的地方，家应该是温暖的港湾，再好的口才都比不过一个温暖的拥抱。"也许老婆跟我吵架不是为了把问题吵明白，更不是为了争个对错,她只是希望得到我的理解和认同。

想到这儿,家强有点儿羞愧,其实老婆为这个家做了很多贡献,但他只看到了老婆的问题,记住的也是每次吵架的不快。是不是从今天开始,他应该多看看积极的一面,多给老婆一些称赞和鼓励呢?其实,他不见得比老婆更厉害,有时候就是被情绪控制了,总想教训谁或者管着谁,从今天起,他一定要改掉这个毛病。

于是家强写了一张便签贴在电脑旁边,内容是"克服控制欲,不再情绪化,不再大男子主义,爱家人"。在"爱家人"三个字的后面,他画了一颗爱心。

刚把这一切做完,电话就响了,是父母打回来的。还没等家强说话,电话里便传来老父亲颤巍巍的声音:"周末你们回家吃饭吧,我跟你妈准备了一大桌子你们爱吃的菜!"

这一边,家强没有说话,他的眼泪顺着眼角流了下来,止也止不住!

划重点

为什么你控制不住自己的脾气

家强的脾气很差,一个月跟老婆吵了三次架,这样的家庭关系让他的生活变得一团糟。他不得不停下来好好想想自己的问题到底出在哪里,为什么跟别人都能心平气和地说话,可是跟自己最亲近的人反而连好好说话都做不到。

从表面上看,原因是他控制情绪的能力比较差,更深层次的原因则是他并不了解自己,也不了解"亲密关系"的含义。当他把自己的想法和思考过程都写下来,并重新审视自己过去的行为时,他发现所有问题都迎刃而解了。

这样心平气和的写作方式,对家强来说,就是可以认清自己的疗愈写作。

写作疗愈练习11

写出你想对某人说的话

有些话，说出来就伤害了别人；有些事，做错了就没有改过的机会。你有没有一些想对别人说的话，如真诚的道歉、认真的解释、发自内心的感谢……

请把这些你想说但一直没有机会说的话写下来，以"我想对你说"为题写一篇文章。注意在写的过程中要想着当时的情景，就好像重新经历了一遍一样。

写作创可贴

1. 平常你可能没有机会认清自己，但当遇到挫折、遇到问题时，就是你认识自己的好时机。

2. 别害怕剖析自己，在文字里跟自己对话，不会有第二个人知道你的想法。

3. 每个人都不是完美的，想明白这一点，你就能坦然接受自己。

4. 每个问题都能找到解决的办法，但前提是，你要直面问题，也要直面自己。

第四节 我是独一无二的吗

一、总是为他人着想的方圆

方圆是个热心肠,这是很多人对她的评价。

三年前,她和室友一同来到这个城市找工作,为了有个落脚点,她们合租了一套房子。搬进去的第一天,室友对她说:"方圆,我喜欢那间向阳的大卧室,你让给我好不好?"方圆没有犹豫就答应了,这对她来说是无关紧要的小事,室友喜欢,那就让给她好了。

这样的事情还有很多。例如,方圆和同事一起去买衣服,自己先选中的一件衣服,可没想到同事也喜欢,同事又含蓄地表示不想撞衫,于是方圆干脆把衣服让给了同事。

公司拟对方圆所在的团队进行表彰,需要团队选出一名优秀员工代表,很多人都推选方圆。可是方圆想到工作是和搭档一起完成的,虽然自己比搭档付出的多,虽然自己也很想要这个奖,但是奖项只有一个,最后她执意将优秀员工代表的名额让给了搭档。

还有一次方圆发烧,浑身都非常难受。这个时候她接到表姐的电话,表姐在电话里火急火燎地说自己在上班路上出了事故,扭伤了脚踝,要方圆去帮忙。方圆二话没说,放下电话就冲向了医院。在医院里,她强撑着虚弱的身体,差点晕倒。

可方圆根本没有把这些当回事。她从小就被家人教育,要想别人之所想,急别人之所急,既然都是亲朋好友,自己多付出一些又有什么关系呢?

方圆的男朋友心疼方圆，要她多为自己考虑考虑。方圆不以为然地说："我没觉得这样有什么不好，为他人付出，他人开心，我也快乐。"

既然方圆自己觉得好，其他人也不好说什么。她的男朋友只好选择闭嘴。

二、人存在的意义是什么，这是永恒的难题

不过最近，方圆对自己一直坚守的处世原则产生了疑惑。她的母亲生病了，需要她回老家照顾几天，公司领导要求她走之前把手里的工作委托给其他人，方圆问遍了平时关系较好的同事，可每个人都说自己忙不过来。问了一圈之后，方圆感到心灰意冷。

晚上回到家，方圆没有心思吃饭，她心里有了一个很大的结，如果不解开它，恐怕睡觉都不会踏实。方圆打开电脑，在文档里写下自己的感受。

我经常为他人着想，以至于男朋友经常说我太傻，说我会被欺负，可是我不觉得自己的做法有什么问题。每次帮助别人解决了问题，我也能被别人的喜悦和幸福感染。但是今天我真的想不通，为什么当我需要帮助的时候，却没有人愿意帮助我？

打上一个大大的问号后，方圆发现这背后还有更深层次的问题，于是她接着写。

人存在的意义到底是什么呢？是为了自己，还是为了别人？如果是为了自己，那么谁会去奉献爱心、帮助他人呢？如果我一心为别人是对的，可是为什么在我遇到困难需要别人伸出援手的时候，竟然没有一个人愿意帮我呢？

我也会有自己无法解决的难题，我也希望有人能在我身边帮助我、支持我，可是我发现这些期望对我来说都是奢望。我在其他人眼里，或许就是一个无欲无求、可以随意支配的人，谁也不用在乎我的感受。

写下"无欲无求"这四个字后，方圆像是有所感悟。

好像的确是这样的，他们都觉得我什么都不需要，就像男朋友说的，其他人都知道自己要什么，会把自己的需求明确地说出来，而我仿佛对什么都无所谓，什么都可有可无。我的需求没有存在感，我这个人也没有存在感，所以大家都不会在意我的感受和我的需求。

没错，就是这样，我自己都没有把自己当回事，谁还会把我当回事呢？

想到这里，方圆觉得有些失落，自己过去一直坚持的价值观有问题，这让她有点难受，但她并不认为人应该是自私自利的。现在的问题是，她把自己的注意力都放在了别人身上，下一步应该先把一部分注意力转移到自己身上来。

三、将目光投向自己，你也很值得自己付出

为什么之前总把目光放到其他人身上呢？方圆继续和自己对话。

我一直认为只要我尽心为别人考虑，就能换取同样的爱心，但是现在想想看，这样的做法并没有得到我想要的结果。我从来没有和别人提过要求、表达过看法，我最喜欢说的话就是"随便""都可以""没问题"……时间久了，大家都会认为根本就不用考虑我，当我是透明的就好了。所以根本的问题不是大家不关心我，而是我自己

都没有学会关心自己。

写到这里,方圆发现,她真的是对自己太不好了,每次她都把自己放在特别卑微的位置上。她特别害怕给别人添麻烦,好像她不应该有一丁点儿自己的要求,她就应该一直服务大家。

如果不像今天这样认真思考,或许我还不会发现我错失了很多。

方圆低头看了看自己的衣服,这还是几年前买的衣服,衣服上很多地方已经有了褶子,很难熨平。

我已经好久没有认真地为自己挑选一件合适的衣服了。上个月我虽然去了很多次商场,但都是为了给家人买衣服,我应该好好打扮一下自己。

在公司里,我推掉了几次奖励,现在想想看,如果这些奖励不让给别人,我的工资也能涨涨了,说不定职位也会晋升。

我现在身体也不是很好,总是生病,但是因为习惯了应承,我总是不好意思拒绝别人的求助。我还经常帮别人做一些体力活,如搬家、整理资料,每次做完这些回到家我都腰酸背痛,要好几天才可以缓过来。

如果把这些精力匀一半给自己,或许我现在就不是这个样子了。

方圆越写越精神,她已经好久没有这样认真地为自己做一件事了。过去每天她脑袋里想的都是别人的事,今天,她借助文字认真想了想自己的事。

其实我知道,我所谓的帮助别人,早就越过了帮助的界限。很多时候，我是没有原则的，我是一个不敢跟别人说"不"的人。有些事即便我不想做，我也不敢拒绝。

写下不敢说"不"，方圆的心仿佛被刺痛了。为什么一定要委屈自己呢？顺着这个思路，方圆继续往下写。

小时候，父母总是说要乐于助人，每次帮了别人，父母都会表扬我。渐渐地，我就形成了一种认识——只要帮助别人就能获得表扬，所以不管别人需不需要帮助，也不管我能不能做到，只要有机会我就会帮助别人，甚至会把本该属于自己的东西让给别人。我得到了什么呢？我大概只得到了别人的一句口头表扬。

其实，听表扬也会上瘾，每次我委屈自己，或者做那些我不愿意做的事，为的不就是别人的一句表扬吗？如果别人没有表扬我，或者等到我求助别人的时候，别人不愿意帮忙，我就会感到特别失落，我就会一下子觉得自己的付出都是不值得的。这实在是太可怕了。

写到这儿，方圆深深地叹了一口气。其实这次没人帮自己承接工作只是一个导火索，之前她找人帮忙的时候也被人拒绝过，当时，虽然她劝慰自己的话是别人不帮忙一定有别人不得已的原因，但她心里其实是在意的。

是的，我没有我自己想的那么高尚，我希望能用真心换回真心，一旦这个链条被打破，我的价值观可能就崩塌了。过去我没有仔细想过这个问题，一心想得到别人的夸奖，这其实也是一种不健康的心理。

不过，方圆并不觉得自己完全做错了。帮助别人是对的，关键要

有个度,而且不能因为帮助别人而迷失了自己,这才是根本问题。她接着在文章中写道:

人生就是互帮互助的过程,但首先要找到自己的位置,然后才能不断增加自己的能量。如果自己的能量被过度消耗,不仅不能帮到他人,还会让他人忽略自己的价值。当自己的能量越来越多时,自己可以做的事情也会越来越多。所以帮助别人其实是帮助自己,这是一个相辅相成的过程。没有人能一味地付出,我也应该改变一下了。

写到这里,方圆紧绷的神经放松了下来,她抬起头,正好看到电脑对面的镜子,镜子里映照出一张甜美的面孔,是的,方圆又重新拥有了美丽和自信。

划重点　　"好人"一定有好报吗

无论从哪个角度看,方圆都是个好人:热心肠,乐于助人,甘于奉献、不计回报。但当她希望用自己的付出换来别人的回报时,她失望了,她发现自己非常没有存在感,别人根本没有意识到她存在的价值。

是周围的人太冷漠吗?不,是方圆自己把重心放错了地方。她把大部分精力用在照顾别人上,而忽略了自己的需求。不是别人忽略了她,而是她自己忽略了自己。

在现实生活中,方圆这样的人不在少数,很多人为孩子活、为父母活、为伴侣活,渐渐地就迷失了自我。这是一种很危险的状态,因为一旦迷失自我,再想找回自我就非常困难了。

方圆找到了写作疗愈,她通过写作发现了自己的问题,又把重心重新放到自己身上。这是一个了不起的改变,因为只有自己才能做自己生活的主人。

写作疗愈练习12

你对"付出感"怎么看

你是一个甘愿付出不求回报的人吗?你身边有这样的人吗?你的母亲、你的同事、你的爱人,他们怎么看待自己的付出?你们有没有因为这种付出感而发生过争吵,最后是怎么解决的?请以"付出感"为主题写一篇文章,谈谈你对这个主题的看法。如果可以,请尽量把自己经历过或者观察到的事情写进去。

写作创可贴

1. 想一想:你觉得自己重要吗?
2. 想一想:你觉得自己存在的价值是什么?
3. 如果做每件事都出自你的本心而不是为了得到其他外在的回报,那么你会更容易找到自我。

疗愈加油站

没有什么比了解自己更重要

心理学小课堂

我们每个人最难看清楚的，就是自己。

一、什么是"我"？"我"是谁

在由弗洛伊德创立的精神分析理论中，"我"分为本我、自我和超我，这三个部分构成了人的完整人格。

本我代表人本能的驱动力，有着原始的欲望和需求；本我中的一切永远都是无意识的；自我处于中间位置，代表理性和机智，它按照现实原则来行事，可以实现对本我的控制和压制；超我代表良心、社会准则和自我理想，是人格的高层"领导"，它指导自我，限制本我。

自我是永恒存在的，而超我和本我又几乎是永恒对立的，这就要依靠自我进行调节。弗洛伊德认为，只有三个"我"和睦相处、保持平衡，人才会健康发展。

而三者不平衡的时候，人就会因为这种内在的矛盾而产生焦虑，自我会自行启动防御机制，表现出压抑、疑惑、迷茫、暴躁等情绪，并且会产生怀疑——"我到底是一个怎样的人？"

我们对自己的认知，受到个体差异、文化差异、环境差异等诸多因素的影响，这导致本我、自我、超我之间时常有着较大的偏差。我们依靠外在的力量很难弄清楚自己到底在扮演什么样的角色，拥有什么样的性格，希望成为一个什么样的人。自我认知偏差越大，人就活得越辛苦。

二、通过写作与自己和解

本章的四个故事呈现了四种不同的自我认知焦虑，分别是个人角色、个人兴趣、个人脾性以及个人价值的认知偏差。一个人因为认知焦虑而影响个人生活时，应当主动调整。

（1）在第一个故事中，主人公如新问了一个"我是谁"的问题。一般来讲，自我认知跟现实中的自我越接近，那么个体就越成熟，在各方面的表现也就越优异。人在认识自我的过程中，容易受到环境、情绪、个人素质等多种因素的影响，从而形成认知偏差。

写作是一种与自我对话的方式，个体通过写作可以静下心来，寻找问题背后的根本原因，减小认知偏差，进而解决现实问题。

（2）在第二个故事中，主人公木木找不到自己的兴趣和目标。一个人的兴趣，通常是指人们探究某种事物或者从事某项活动的心理倾向。兴趣不仅对人的性格有影响，对人的行动也有影响。在现实生活中，很多人并不了解自己到底喜欢什么、擅长什么，也就不知道自己到底可以做什么，这样就很容易感到迷茫，遇事不知道该如何选择。

写作是向内挖掘自己的过程。通过写作，个体可以深入分析自己的兴趣和特长并将其和外部环境进行匹配，这样可以顺利地树立奋斗目标，从而改变生活。

（3）在第三个故事中，家强因为控制不好情绪而苦恼。在日常生活中，人很容易受到各类情绪的影响，如何合理控制自己的情绪，不被情绪所支配呢？如何通过探索潜意识来关注并改变自己的行为？这是很多人面临的难题。

如何解决这些难题呢？有三个步骤：发现情绪、确认情绪、修正情绪。

写作可以让个体完整地经历这三个步骤。个体在写作过程中可以修正自我认知，调整偏差，最终控制自己的情绪，并解决困扰自己的问题。

（4）在第四个故事中，方圆找不到自己存在的价值。一个人的注意力是有限的，过于在意他人的感受，就会相应地减少对自我的关注。有的人会为了他人牺牲自己，这个时候，自己会有很强的"付出感"——总期待别人感激自己，一旦别人没有像自己期待的那样做，当事人就会很失落。

写作可以将人的注意力由外向内牵引，个体通过不断地分析和解读自己，可以将注意力从他人转移到自己身上来，不再迷失自我。

三、如何进行自我调整？

总结起来，自我调整主要有四个步骤。

第一步，直面焦虑点，将自己认为的"我"完全呈现出来，了解自己对"我"最直观的认知。

第二步，寻求偏差点，将"我"所希望达到的状态和现状作对比，找到具体偏差，并分析偏差产生的原因。

第三步，深入了解自己，并分析产生偏差的原因，从内部进行适应和调节。

第四步，调整认知偏差，寻求解决办法。

在这个过程中，自我救助将起到至关重要的作用。而写作，则是帮助个体将自我、本我和超我完全呈现出来的一种方式。个体只有直面三个"我"之间的矛盾，并且有针对性地进行调整，才能实现整个人格的平衡，解决现实问题。

课后写作练习：写作接龙

　　我唯一的缺点就是脾气不好，经常突然发脾气。发脾气的时候心跳得很快，自己也气得要命，明知道这样对身体很不好，别人也很难接受，但我就是改不掉……（请接着写下去）

_____

_____

_____

_____

_____

1. 每个人都有缺点，所以不要觉得自己是"怪物"。
2. 每个固有的习惯背后可能都有根深蒂固的原因，试着把它们找出来。
3. 只有先认清问题的严重性，才有可能改变现状，所以别怕，把问题说得更清楚一点。

第 五 章

在现代社会中,人人都有压力。对一些人来说,压力就是动力,督促自己往前走;对另一些人来说,压力则是千斤重担,让自己直不起腰。同样是压力,为什么作用在不同的人身上,结果完全不同呢?

第五章

用写作缓解
压力

其实,这不是压力本身的问题,而是人们在面对压力时,会有不同的感知和处理办法。在大部分情况下,人们可以和压力和平共处,但有时候,一点小小的压力就能压垮一个人。想一想,压垮一个人的到底是压力本身,还是其对压力的认识和态度?

第一节 克服拖延症的写作

一、有重度拖延症的湘琪

最近湘琪遇到了一点儿麻烦,她发现所有的事情都被自己弄得一团糟,这种混乱的状态几乎要把她逼疯了。

她平时工作不是很忙,于是她利用业余时间考上了在职硕士,她只需要在每个周末上课,两年就可以拿到学位。现在到了最后一个学期,除了基本的课程,她还需要完成一篇大约两万字的毕业论文。但湘琪并没有太多的时间写毕业论文,因为她还是当地一个妈妈社群的负责人。过去她们的活动都安排在周末，现在因为要上课，湘琪就尽量把活动时间调整到工作日的晚上。她两边兼顾，因此感到非常吃力。

湘琪的老公是一个刚刚起步的创业者，平时很少有时间照顾家庭。他们的孩子今年一岁半，主要是保姆和家里的老人在带。原先周末的时候，他们全家会一起出游。但是这一年多以来，全家出游的机会少得可怜。一方面，湘琪要上课；另一方面，湘琪的老公周末也要加班工作，一家人连晚饭都很难在一起吃。

湘琪经常觉得压力大得让自己喘不上气来，她在日记里写下自己的感受。

我真的忙不过来，忙不过来的结果就是拖延。毕业论文就是不想动笔，越不想写越害怕，到后来根本一个字都写不出来。妈妈社群那边的活动已经从每周两次变成了每周一次，现在有时候连一次都保证不了。最近很多妈妈都有了怨言，觉得这个社群要散了，但是谁能理解我的压力呢？我已经很拼命了！

老公帮不上我，他自己比我还要忙，指望他照顾家里也是不可能的。家里的好多安排也都因此而推迟，说带孩子去迪士尼乐园，今年看起来是没有可能了；说两个人要坚持锻炼也变成了一句空话……

写到这里的时候，湘琪突然接到一个电话，是单位领导打来的，她所在的部门今年有一个机会，有一名员工可以去美国分公司轮岗半年，领导推荐湘琪去。电话里，领导很兴奋地跟湘琪说这是一个千载难逢的好机会，湘琪一边回应着，一边盯着电脑屏幕上自己刚刚写下的文字，心如乱麻……

挂了电话，湘琪去洗手间洗了一把脸，她需要让自己清醒一下。去美国半年，妈妈社群是不是就得散了？老公和一岁半的孩子怎么办？谁来照顾家里？对了，还有两万字的毕业论文，那更是没有希望了。而且去美国需要办理签证、需要补习英语、需要打包收拾行李……想到这些，她再次感到"世界末日"要来了。

她打算跟老公商量商量，电话打过去，还没等湘琪张嘴，老公就很疲惫地说："项目融资失败了，看来我要在办公室住上三个月，再拼一把，我非拿到投资不可……"

二、拖延只会让事情越来越糟糕

挂了电话，湘琪再也忍不住了，一大串一大串的眼泪掉下来，她又不敢哭出声，怕惊动外面的老人和孩子。手机就扔在旁边，只有桌子上的电脑还闪着亮光。缓了一会儿，她又坐到电脑前开始写。

真是"祸不单行"，这哪里是千载难逢的好机会，分明是压倒我的最后一根稻草。我怎么去美国？家不要了吗？硕士学位也不要了吗？那从美国回来后我还有什么？我多半会成为一个和社会断绝关系的孤家寡人。

我根本不知道如何选择，如果我放弃去美国，工作顶多维持原状，毕业论文我还是不想写，社群我还是顾不过来。老公工作不顺利，我顶多安慰他，为他做饭，照顾他的饮食起居，我也没办法帮什么别的忙。孩子能去成迪士尼吗？我们会开始健身吗？我们的那些计划能一条条落实吗？

如果我去美国，问题就更多了。签证怎么办理？谁帮我准备去美国的材料？住宿问题、语言问题、信用卡问题、工作交接问题……另外，去了美国，孩子怎么办？我的毕业论文呢？我在这里的人际关系呢？而且为什么我明明知道有很多事要做，但我现在一件事都不想做呢？我只想逃避，我只想离开这里，彻底躲起来……

写到这里的时候，湘琪的脑海里突然闪过一个念头，其实她害怕的不就是事情做不完吗？那是不是分清主次，一步步地把这些事情处理完就好了？与其在这里心烦，不如现在就开始解决，而且反正情况已经这么不好了，也不一定每件事都要做到尽善尽美。

"不用尽善尽美"，想到这里，湘琪觉得一下子轻松了不少。如果不追求完美，那每件事处理起来好像都不太难。湘琪心情舒缓了许多，眼泪早就没有了，只是脸上还有些泪痕。

三、乱了阵脚，只因为没有分清主次

"哪些事情对我来说是重要又紧急的呢？"湘琪一边想，一边把想法记下来，她的思路好像从来没有这么清晰过。写作带着她思考，帮她理清想法，促使她一步步往前走。

家庭对我来说是第一位的，工作是第二位的，学习和社群要排在工作后面。就紧急程度来说，去美国和写毕业论文是特别紧急的，其他的事倒还好，社群可以先放一放。因为有老人和保姆在，照顾家庭也不是什么大问题。健身和去迪士尼乐园更不是非要马上解决的问题。

看起来，重要又紧急的就是去美国和写毕业论文这两件事了，那就简单多了。湘琪觉得心里的一块大石头落了地。

还是要抓住去美国的这个机会，因为我可能一辈子也就遇到这一次出国轮岗的机会，而且这次是公派轮岗，这段经历对以后升职加薪都有帮助，所以这个机会我一定要把握住。

毕业论文也一定要完成，如果能尽快拿到硕士学位，我就可以去考中级职称，在这之后，单位会重新定级定岗，这对我以后的职业发展也是有好处的。而且学历是个硬指标，早一天拿到肯定是更好的，所以这件事一定不能拖延。

想清楚了最重要的两件事，湘琪重新振作起来，信心满满。

那么现在就很清晰了，最主要的就是要解决去美国和写毕业论文的问题。

（1）去美国的问题。

签证、机票、住宿、出行前的准备这些都不用太担心，单位的行政人员会帮忙处理；英语也不用害怕，大不了去了那边再突击学习。我需要做的是在走之前跟单位同事告个别，一来让大家知道我要去美国，有半年时间不在；二来让他们了解我去美国轮岗了，如果未来有好的、适合我的机会，他们就会首先想到我。

（2）写毕业论文的问题。

其实这种在职硕士的毕业论文，要求并不是很高，只要不是抄袭，字数和内容能达到标准，差不多就能通过。按目前的情况来看，用半年的时间写出有学术高度的毕业论文也不太现实，不如就结合工作和这两年的学习，谈谈我对某一个问题的看法。2万字倒不是太大的问题，每天写2000字左右，差不多两周就完成了。

这两件事处理完，其实就还剩一些扫尾的事或者顺带着做的事。

妈妈社群我可以指定一个人作负责人，我退居二线，现在球球妈和蓉宝妈都很积极，也有空闲时间，完全可以在我去美国的这段时间继续运营好社群。而且我去了美国后，可以带回很多美国父母培养孩子的经验，到时候，我依然是这个社群的引领者。

借着出国这个机会，我可以让老公送我，跟我一起去一趟美国。他现在正处在创业的低谷期，可能走入了"死胡同"，我带他出去散散心，也正好看看美国那边的情况，也许还能寻求一些合作。即便没有合作，出去走走也有利于他沉淀想法，重新出发。

去了美国，生活会比较有规律，也没有什么负担，这半年应该有很多机会去健身，所以坚持下来应该也不算太难。

因为有半年时间在美国，老公可以带着孩子来美国洛杉矶的迪士尼乐园，在淡季来，可能费用也并不会比去上海迪士尼乐园多多少，而且一家三口在美国团聚，想想都挺美的。

湘琪越写越开心，原来比山还重的压力，现在像羽毛一样，几乎完全没有重量了。在写作的过程中，湘琪也想清楚了一件事。一年前，她生完孩子重返职场，本来觉得自己已经是当妈的人了，不可能再有什么大的突破了，做好本职工作就好。但现在她不这么想了，她的斗志重新被点燃了，她要拿到硕士学位，要去美国轮岗，要让孩子有更多的机会和更宽的眼界，要把自己的小家建设得更好……

她给文章画上一个句号，然后轻轻合上了电脑。她再次拨通了老公的电话，不过这一次，她想要传递的不是自己的恐慌，她要告诉老公，眼前的困难都是暂时的，他们一定能找到解决的办法，扎扎实实走好每一步。

划重点 通过写作找回初心

湘琪为什么感觉有压力，是谁逼着她做什么了吗？好像没有，压力都是她自己给的，她有太多事没做，这些事就好像一个一个的包袱压在湘琪的身上。终于，她背不动了，感觉自己要崩溃了。

其实，湘琪并不比别人更惨。相反，她是有太多机会摆在面前却不知如何选择。因为她的拖延症，她的生活节奏被打乱了。当机会来临的时候，她才突然发现，原来自己的生活一团糟，她好像根本接不住这个机会。

湘琪需要彻底改变，她需要想清楚事情的轻重缓急，需要弄明白哪些事情可以放弃，哪些寸步都不能让。更重要的是，她需要告别拖延，从现在开始行动。因为只有开始做，事情才会一点一点地被解决。只有从根本上改变拖延的毛病，她才能消除压力，才能得到疗愈。

湘琪通过写作疗愈缓解了自己的压力，也开启了改变之旅。

写作疗愈练习13

给自己列一个三个月计划

　　给自己列一个三个月计划。在未来的三个月，你有什么事要做？有什么目标要实现？把它们统统写下来。除了列计划，你还要写一写到底要怎么做才能把这些计划都完成。

写作创可贴

1. 为什么你的计划清单里的好多事计划了很久却没有推进？想一想你遇到了什么问题。
2. 如果是拖延的问题，请你列出有哪些问题亟待解决。
3. 问问自己什么是最重要的。如果只能让你选一个目标，你会选什么？
4. 通过目标倒推哪些事是重要且紧急的，先集中力量找到完成这些事的办法。

第二节　消除紧张感的写作

一、害怕真相的大泳

大泳最近总是胸口痛。本来他没太在意，但是去医院做了一系列检查后，大泳的恐惧感一点一点地增加了。他在文章中记录了自己这一天心情的起起伏伏。

本来没觉得有问题，但家人不放心，总是催着我去医院检查，为了让他们放心，我就去了。医生开了一堆诊疗单，要我做很多项检查。好不容易把这些检查都做完，医生看了我的检查报告，说可能是心脏的问题，要做进一步的检查。

各项检查做了整整一天。我在医院各个楼层之间穿梭。检查到最后，我竟然感到一阵精神恍惚。人真的很脆弱，头脑再聪明，心态再乐观，也免不了走向衰老和死亡。

死亡是一个很可怕的字眼。曾经觉得这两个字离我很遥远，但是今天在听到医生说我心脏可能有问题的那一刻，我才发现也许死亡并非那么遥远。我才活了30多年，我还不想死，我要活下去。

写到这里，大泳觉得心脏又开始不受控制地狂跳了。他按着胸口，起身给自己倒了一杯热水。最终的诊断结果明天才能出来，这一晚他真不知道怎么过才好。

二、写作是他的"树洞"

大泳是家里的顶梁柱，他不想让别人看见他脆弱的一面，于是，文字就成了他倾吐心声的途径。他把自己的担忧和压力都写了下来。

如果确诊是心脏病，我以后可能时刻都需要注意，情绪不能太过激动，身体不能太过劳累，要多休息。这样一来，工作和家庭中的许多事情都会受到影响，比如，一定要避免加班，避免抬举重物，避免熬夜，饮食也要有所调整。如果真得了病，我就不能全力以赴地工作了，也无法照顾妻子和孩子。假如连我自己都需要别人照顾，那我的家人该怎么办？我真的不敢想。

身体没了，其他的一切都没了。这样一来，工作势必受到牵连。目前我正处于职业发展的关键时期，能否升职就看这半年的成绩了，如果这个时候我因为身体原因而选择疗养，那就等于跟升职说再见了。

另外，家里刚有了第二个孩子，两个孩子都需要照顾。妻子刚刚生产完，更是需要休养。家里的各种负担都压在了我一个人身上。如果我身体健康，那么以我现在的收入，这一切都不算什么；但如果我生病需要治疗，就会引发一连串的问题，恐怕整个家都会垮掉吧！

大泳认真地分析了当前的形势，将其写下来后，他发现情况比他预想的还要糟糕。

这场病来得真不是时候。

大泳喝了一口水，接着往下写。

没有比这更糟糕的事情了吧。我不敢和家人倾诉，我怕他们知道我的状况后会比我还要消极。我要自己想办法解决问题，也要想办法控制好自己的情绪。回到家，我应该表现出什么都没有发生过的样子，这样家人才不会感到恐慌。我是家里的顶梁柱，不能让家人为我担心。

三、写出来就不疼了

"怎么办?怎么办?怎么办?"大泳连着把这个问题写了三遍。他的大脑飞快地运转着。他知道遇事不能慌张,只有沉住气,才能找到解决问题的办法。

是啊,最惨的境地也无非就是这样了。身体不好,升职加薪受影响,但是反过来想想,不升职加薪又能怎么样呢?单位为我缴纳了医疗保险,另外,就算得了很严重的病,我自己还有大病医疗保险,既然这样,又何必担心家会垮掉呢?

家里有育儿嫂帮忙带孩子,等孩子大一点儿,妻子就可以重回职场。所以即便我最近压力大一点儿,等妻子重新开始工作,一切都会慢慢好起来的。

这样看来,我也没有多惨,最怕的是疾病没把我打倒,我自己先被吓破了胆。妻子刚生完孩子不久,正是脆弱的时候,我可不能把消极的情绪传递给她。再说了,我一个大老爷们儿,难道还解决不了这点儿问题吗?

没有人能帮我,那么我就要靠自己来解开这一团乱麻。

该来的总是会来,最好的应对方法就是面对现实。如果能把最糟糕的状况都想到,做好最坏的打算,那么一切就有可能往好的方向发展。想到这里,大泳做了几次深呼吸,又接着写下自己现在的感受。

对我来说,解决这个问题首先要放下恐惧。我一直接受不了这个事实,我不相信自己的身体会出问题,尤其是心脏,我的心脏从来没有出过毛病。当我听到医生说可能是心脏的问题的一瞬间,我感到悲观、焦虑，那种感觉就像突然被人宣判了死刑。

可是仔细回想一下，医生只是说心脏可能有问题，只是可能，并没有说一定是心脏病。况且心脏的问题也有大有小，我最近确实有些劳累过度，说不定调整一下就会恢复过来。

也许是心理暗示起了作用，此刻的大泳竟觉得胸口不再疼痛了，这让他更有信心面对明天的检查结果了。

想通了这些，事情就好办多了，恢复了斗志的大泳决定拿出工作中不服输的劲头来面对接下来的一切。

我今天之所以会这样焦虑，是因为我不敢面对得病的事实而放大了自己的恐惧，这种恐惧反过来影响了自己的心情和状态，进一步加剧了疼痛。是我让自己陷入了这样的恶性循环之中。

不管发生什么，我一定要有清醒的头脑、坚强的意志。之前我看过很多新闻，说很多绝症患者在知道自己的病情后，不是输给了病魔，而是败给了恐惧。所以从现在开始，我要做自己身体的主导者。就像电影里说的那样，"我命由我不由天"。

大泳写下了未来的安排。

我明天早起去看结果，无论是大问题还是小毛病，切记不能太过激动，要积极配合治疗，争取以最快的速度恢复健康。没有好习惯自然不会有好身体，所以从今天开始，我每天都不能熬夜，晚上11:00前必须上床睡觉，早上早起一小时晨跑锻炼身体，还要戒掉咖啡，戒烟，少喝酒，多吃蔬菜。

对于升职，我要放平心态，尽自己所能做好当前手边的工作，不要将这次升职看得太重。如果现在的工作能完成得很好，那么上级自然会考虑我的晋升问题。

如果我的检查结果不太乐观，需要住院甚至进行手术治疗，那么我就要做好万全的准备，尽量不给家庭增加额外的负担。能自己独立完成的就独立完成，不能完成的可以雇用护工，单位还有一笔奖金没有发下来，如果手头比较紧，可以预支出来用作治疗费用。另外，明天我打个电话问问行政经理，了解一下医保政策。

现在最重要的是要给家人信心。如果真得了病，我也不会隐瞒，但我会表现出乐观积极的一面，只要我积极面对，一切就都会好起来的。

写完最后一句，大泳看了一下时间，马上就要到晚上11:00了。他关掉电脑和手机，这么久以来，他头一次早早地躺在床上。经过这一天，大泳明白了一件事：再大的困难，你只要勇敢面对，就会发现它没有什么大不了的。

划重点　真实情况也许没有想象中的那么可怕

大泳怀疑自己得了心脏病,他非常恐惧地等待着医院的诊断结果。他不敢想象,如果真的得了心脏病自己要怎么面对。他如今上有老下有小,万一他有什么大问题,这个家该怎么办才好呢?

其实,不管大泳怎么想,他都改变不了检查结果,他唯一能做的,就是去面对一切可能出现的结果。

大泳先是让自己保持头脑冷静,然后分析了不同结果的影响和可能的应对方法。当把一切都安排好之后,他感到心中的一块大石头落了地。很多时候,人都是在自己吓自己,真实情况也许没有想象中的那么可怕。把害怕的事都写下来,我们可能反而就不害怕了。通过写作,把问题分析清楚,自己也会得到疗愈。

写作疗愈练习14
人生中最大的一次挫折

每个人都会遭受失败和挫折，但每个人采用的应对方法都不尽相同。回想一下，你过去或者现在都遇到过什么挫折，你是怎么处理的。请以"人生中最大的一次挫折"为题写一篇文章，记录这次挫折，分析其产生的原因并找出应对方法。

写作创可贴

1. 如果这件事已经过去了，那就请你回忆当时的恐惧和担忧，写得越具体越好。

2. 回忆过去是一种"复盘"，分析一下，当时哪些地方你做得比较好，哪些地方你做得不够好。

3. 通过记述"人生中最大的一次挫折"，想一想，你内心最怕的是什么？为什么你有这种恐惧？

第三节 释放压力的写作

一、悲观厌世的宗朴

宗朴最近遭遇了人生的重大变故——老公有外遇了。如果这个女人年轻漂亮也就算了,谁知道居然是一个比自己年纪大、长得也不好看的女人。宗朴觉得这是一个天大的笑话,这样的事情让她无法接受,她把自己的感受都写在了日记里。

真的不敢相信,我居然会遇到这么"狗血"的事情。我接受不了,也不甘心,他们欺骗我,毁掉我的婚姻和家庭,我不能让他们好过。

我总是心口疼,晚上睡不着,一闭上眼,脑海里全是过往美好生活的画面。我感觉自己快要喘不过气了,每天醒来后,都希望这是一场梦。

已经是深夜12:00了,宗朴在日记里写下这些文字后关掉电脑,和衣躺在床上。她睡不着,两只眼睛死死地盯着天花板。夜深了,外面传来汽车飞驰而过的声音,这一刻,她觉得自己已经被全世界抛弃了。

家人看宗朴日渐消瘦,精神不振,都纷纷劝慰她,希望她能早日走出婚姻失败的阴影。可往往没说两句,宗朴就翻脸了。别人如果说:"你要想开点。"她就冲别人嚷嚷:"我怎么想开?想开了也改变不了我成为'弃妇'的事实。"别人如果说:"自己的身体重要,对象还可以再找。"她就会歇斯底里地吼道:"男人算什么东西!我还要男人做什么?"

时间久了，便没有人再劝她，更没有人愿意听她倾诉。宗朴感到自己有一身的怨气却无处发泄。而这种怨气慢慢变成了一种压力，压得她喘不过气来。

实在是憋得难受了，宗朴就从床上爬起来，打开电脑，把心里想说的话都写了下来。

我还能怎么办，短短几个月，生活发生了翻天覆地的变化。振作？都要我振作，可是谁能懂我，每个人都过得有滋有味、幸福美满，而我呢？没有人可以理解我，没有人愿意接我的电话，没有人愿意听我发牢骚。我觉得如果再不让我说出来，我真的会走向极端。

宗朴写下这些内容后，侧头望了望窗外。城市的夜生活丰富多彩，虽然已是深夜，但外面仍亮着星星点点的光。每个人都有自己的归宿，宗朴觉得唯独她像个孤家寡人。宗朴越想越觉得凄凉，这么多温暖的灯，却没有一盏跟自己有关。

二、没有比文字更好的听众

回床上躺了一会儿还是睡不着，宗朴再次披着衣服起身，打开电脑继续写。

不知道我是不是得了抑郁症？我缺乏生活的勇气，不敢面对现实，不想活下去……不能被他人理解，仿佛没有人和自己处于同一个世界，这种孤独感，没有经历过的人是体会不到的。

一开始所有人都同情我，后来所有人都躲着我。我知道他们认为我是自讨苦吃，我也明白，一个女人不能只为婚姻而活，可我也不知道自己这是怎么了，可能真的是因为之前太天真，从来没有心理准备；也可能是因为自己的心理承受能力太差，接受不了这样的现实。我也不知道这几年自己怎么变成这样了，结了婚就迷失了自己，离了婚就彻底放弃了自己。

不知道什么时候，宗朴的眼泪流了下来，她起身抽了一张纸巾，擦了擦眼泪。写了这么多，她觉得心里好受了一点，情绪也稳定了很多。

我讨厌现在的生活，但是我更讨厌现在的自己，不仅一无所有，还无比懦弱。之前我还嘲笑别人在遭遇婚姻变故时要死要活的，可是真的轮到自己了，我怎么也像烂泥一样扶不上墙呢？曾经的我不是这样的啊！

写到这里，宗朴突然回忆起曾经的美好时光。对啊，那些美好的曾经——青春洋溢的大学生活，结婚前和闺蜜难忘的旅行，在完成公司的第一个项目时老板专程从法国过来为自己庆祝……

往事历历在目，回忆的这些画面让她觉得温暖，她忽然感觉自己好像不那么悲观厌世了。窗外的风吹动了窗帘，眼前的一切都是那么安静平和，这一刻，世界好像重新回到了正确的轨道上。

对啊，大学的时候我还是大家口中的"校花"呢！记得有个男生给我发了告白短信，然后又马上补了一条，说自己说发错了。胆子这么小，怎么追女孩子？我还记得和青青一起去乌镇，我们坐在小船上，当时是三月，空气里满满都是春天的味道。年轻真好。

后来，我遇到前夫，不，遇到那个"渣男"。那时的他很阳光、很有魅力，他曾经说过愿意照顾我一辈子，我也很享受他对我的关怀。

他这个人，本来是挺好的，但这两年做生意赚了点儿钱，就飘飘然了。这两年，我们的生活越来越好，房子越换越大，车越来越贵，我们的感情反而越来越差。有时候我们一个月也见不了一回，见了面就吵架。

宗朴回忆起这几年的婚姻生活，发现其实问题一直都存在，只是自己视而不见。

说白了，两个人缺乏沟通，最后肯定要一拍两散，只不过我没有想到是以这种形式结束。很明显，他是这件事里的过错方，但是我不也早就对这段婚姻失望透顶了吗？就算他不出轨，我们的婚姻不也是名存实亡吗？

这样一想，宗朴心里稍微好受了一点，但没过一分钟，之前的伤心、愤怒又回来了。宗朴还是不能原谅这个曾经与自己山盟海誓的人。

画圈圈诅咒他们。

算了算了！既然都这样了，我也要不去管别人的事了。看看我现在的样子——油腻、消沉、绝望、颓丧。所以，结束这段婚姻也是好事，离开他，我就自由了，我要重新开始，做一个美美的中年女人。

写到这里，宗朴发现自己真的想通了。她起身倒了一杯温水，一口气喝完，整个身体都变得暖暖的。原来文字就是最好的"树洞"，可以耐心地听你倾诉。

三、神奇的写作减压术

"接下来的日子该怎么过呢？"刚刚有了信心的宗朴问自己。

"接下来的日子不会更坏了,离个婚有什么可怕的?"站在局外人的角度,宗朴反而能看清自己。

我还是太爱钻牛角尖了,一直把婚姻当作自己的全部。现在婚姻没了,我就以为一切全完了。其实根本不是,留得青山在,还怕什么呢?三条腿的青蛙不好找,两条腿的男人还不好找吗?

写着写着,宗朴把自己逗笑了。

不过就是重新恢复单身,还能怎么样呢?离开那个不爱我的男人,我一样能过得很好。我最美的时候就是结婚前单身的时候,反倒是结婚的这几年里,整个人邋里邋遢、不修边幅。现在出门,很多人看到我都叫我大姐。

桌上正好有一面小镜子,宗朴顺手拿起来,发现镜子中的自己很憔悴,眼角有细纹,脸上有些暗淡。是的,因为婚姻的变故,宗朴已经很久没有关注过自己这张脸了。

我明天就要去健身。过去二人世界的时候,他不爱运动,我自己也懒得去健身房。现在一个人了,我一定要把身材练好。不管外面怎么变,只有好身材是自己的。对了,上个月有个朋友约我爬山,当时我心情不好,连想都没想就拒绝了他,现在可以把户外运动也安排上。

换个角度看,变故或许也是一次转机,宗朴甚至有些期待今后的生活了。

之前我真的太可笑了,居然悲观厌世。活着多好,活着才能看到更多的风景。像过去那样闷在家里,简直是坐"大牢"。

写到这里，宗朴单击保存按钮，她生怕好不容易写出来的东西丢了。

夜已经很深了，她还想给妈妈打个电话，老人家一直很挂念她。想了想，她又把电话放下了，不急于这一个晚上，有事明天再说吧。她又回到电脑前，准备写下最后一段。

歌词里说，"离开错的才能和对的相逢"，还真是这样。过去我总觉得自己是受害者，现在看来，我反而是个"受益者"。要不是这次变故，我可能还没有勇气离开错误的人。我也不知道未来我会遇到谁，会过上怎样的生活，但是我知道，过去那种无休止的黑暗生活，我是再也不愿意回去了。

写完最后一个标点，这篇文章就算是完成了。写作的过程就是一场救赎，宗朴觉得自己现在像刚被人从泥坑里拉出来一样。她用温水洗了把脸，贴上很久没用的面膜，然后换上舒服的睡衣躺在床上，心平气和地闭上了双眼。很快，睡意袭来，她真的累了，盖着柔软的被子，她沉沉地进入了梦乡。

划重点   动嘴不如动笔

宗朴是怎么从婚姻失败中走出来的呢?她靠的不是喋喋不休的倾诉,而是写作。通过写作,她不但发现了婚姻中的问题,还重新规划了未来的生活——这给了她从痛苦中走出来的勇气。

每个人都有压力,只不过有些人善于排解压力,而有些人只能任由压力越积越大却毫无办法。如果你也像宗朴这样,不如现在就开始写作,让写作疗愈在你身上发挥作用。

写作疗愈练习15

我如何度过倒霉的一天

有时候，我们把负面情绪产生的原因归结为倒霉。比如你早上刚丢了手机，正烦着呢，到办公室莫名其妙地被领导训了一顿；中午心不在焉，又划破了手。你可能会觉得诸事不顺，这真是倒霉的一天！但事实上呢？也许是负面情绪影响了你。请以"我如何度过倒霉的一天"为题写一篇文章，说说你的遭遇。在回忆这一天的同时，请试着提出一些比较有效的应对方法，这样下次再遇到这种情况的时候，你会处理得妥当一些。

写作创可贴

1. 每个人都有倒霉的时候，把自己的辛酸苦辣都写出来，让情绪恢复平静。

2. 有时候倒霉是因为外力，有时候倒霉背后有深层次的原因。想一想，你是因为运气不好，还是因为其他原因才这么倒霉？

3. 你觉得你应该怎么做才能让自己的运气好一点儿呢？请把你的想法写下来。

第四节　解决问题的写作

一、难受就去写作的永慧

午后，永慧和儿子发生了一场"战争"，"战争"以儿子丢下一句"以后再也不用你来管我"并重重关上门告终。永慧呆坐在客厅中央，她想不明白为什么自己为儿子付出了一切，换来的却是儿子的反感与不满。

永慧越想越心酸，她需要把自己憋在心里的话马上写出来。

我明明是为了他好。

她在文章里写下了事情的来龙去脉。

从晚上8:00开始，我就放下自己的所有事情，专心陪在他身边，和他一起写作业。他渴了我马上去倒水；想吃水果，我就把各种水果摆得整整齐齐地递到他手边；有不会的作业，我到处帮他查找答案。可就是这样，他居然还偷懒，边写边玩，写了四个小时了，一半的作业都没有完成！

他不仅在学习上偷懒，脾气也见长，我就说了他一句，他就生气了，撕掉了作业，还把笔也扔了，哭着喊着怪我管得太严，一点儿自由都不给他。可如果他是个勤奋用功的孩子，我还用得着这样吗？我也不愿意每天都把时间耗费在和他"斗智斗勇"上。可是我不盯着他写作业能行吗？在我眼皮子底下都这样偷懒，不看着他还不知道会成什么样。马上就要中考了，他再不努力就晚了。

写完事情的经过，永慧再一次回忆起刚才的场景，孩子的每一句话、每一个表情都像是一把刀扎在她的心上。想起跟老公离婚后这些年自己抚养孩子的不易，永慧的眼泪夺眶而出，一滴一滴地落在键盘上。

二、用写作寻找答案

为什么孩子变得这么不听话呢？

永慧在文章里问自己。写下这个问题后，她脑海里闪过儿子蹒跚学步时扑进她怀里的场景。永慧痛苦的脸上露出一丝微笑，她觉得自己应该把和儿子相处的点点滴滴都写下来，或许答案就在这里面。

我和孩子的关系一直都不错，他也很依赖我。从上幼儿园、小学，到现在上中学，我都坚持接送他，风雨无阻。我就是想让他知道，无论什么时候，妈妈永远都陪在他身边。可是自从上了初中，事情就变得不一样了。我们不再像从前一样无话不谈，他也再不会扑进我的怀里让我抱一抱。他有时候会主动关上房门，不让任何人进去。周末的时候，他还会偷偷地溜出去玩，也不告诉我去了哪里。

是啊，孩子大了，有自己的秘密了。但是我真的很不放心。一是到了初中，课业一下子变得繁重起来。如果不能及时适应这样的学习环境，考上一所重点高中恐怕就成了奢望。考不进重点高中，考上一所好大学的概率就更小了。二是我很怕他进入青春期后变得叛逆，沉迷游戏而厌学。作为单亲妈妈，我更要负起监管孩子的责任，他可千万不能学坏啊！

写下"监管"两个字后，永慧感觉有一点儿不对劲。回忆了一下,她才想起来,这个词是儿子最近经常和她说的,而且他每次说的时候情绪都非常激动,责怪她把自己当成犯人一样看管。难道问题出在这里?永慧接着往下写。

我是在监管他吗?我觉得我做的这些都是一个母亲应该做的事情啊!对了,似乎有一次他说过,觉得自己随时都被一双眼睛盯着,认为自己丧失了自由。有人关心就是丧失自由了?这完全是强词夺理,我现在巴不得有人关心我呢!

虽然还没想清楚问题的答案,但至少提出了一个好问题。永慧顺着这个方向继续想,她希望借助文字走进孩子的内心,了解孩子是怎么想的。

要是说监管,我的确有点儿恨铁不成钢。每次看到他的成绩单,我就莫名地有很大的压力。别人家是父母一起辅导孩子,我呢?我不仅要上班,要给他做饭,还要辅导他的功课。说实话,我每天都处于精神高度紧张的状态。自从他升入初中,我就开始莫名地焦虑。头两次摸底考试,孩子的成绩都不太理想,我急得不得了。一方面,我怕这个成绩会打击孩子的自信心,让他从此认为自己不是学习的料,不愿意再努力;另一方面,我看到其他孩子的成绩那么优异,就希望自己家的孩子能赶紧迎头赶上。

现在,孩子是这个世界上和我最亲的人了,我特别希望他能成才。所以每当孩子做与功课无关的事情的时候,我都特别焦躁,我就想如果他能把这些时间用在学习上该有多好。我恨不得替他学习,替他去考试。可能在这个过程中,我也把自己急切和不安的情绪传递给了他。

我是不是给了孩子很大的压力？

最后这个问题让永慧彻底清醒过来，和孩子的关系急剧恶化的原因，就是她把自己的压力全部转移到了孩子身上。他才13岁，本不应该承受这些。

三、写作，让一切水落石出

既然问题的根源是压力，那么这些压力是从哪里来的？为什么自己会有这么大的压力呢？

好奇怪，我身上的压力是从哪里来的呢？

永慧继续用文字剖析自己。

之前，我并不是一个焦虑的妈妈，也不会无缘无故地拿自己家孩子和其他孩子来比较。我相信人生的成功不在于走到多高的位置，而在于生活得有多快乐。

孩子在小学阶段成绩一直都不错，每次开家长会，孩子都是被表扬的对象，这让我的虚荣心得到了很大的满足。升入初中后，孩子好像不太适应，成绩也从班里的前几名变成现在的中等偏下，我无法接受这种落差，似乎这是一件非常丢面子的事情。

还有，在内心深处，我觉得孩子成绩下滑跟我和孩子的爸爸离婚也有关系。虽然我尽量避免离婚对他产生影响，但是他肯定也能感觉到家里的变化。离婚之后，我对孩子看管得更严了，这反而让他产生抵触心理，他的成绩应该也是从这个时候开始下滑的。

写到这里，永慧紧张起来。"丢面子""抵触""成绩下滑"，这些词语像一把把尖刀扎在她的心上。如果不是写下来,她根本不会发现,自己所谓的关心,所谓的对孩子好,其实已经变成了孩子的一种负担,甚至已经变成了孩子成长路上的绊脚石。

成绩不能代表一切,我的焦虑并没有对他的学习起到任何促进作用,相反,因为我错误的管教方法,孩子已经离我越来越远,我不知道他在想什么,不知道他想做什么,也不知道如何跟他沟通。我越想做一个合格的母亲,就越做不好。

永慧的文章,由对孩子的责备变成了对自己的责备。她越写越明白,道理其实非常简单——孩子的反应就像一面镜子,照出了她在管教孩子上的不成熟。再怎么说,这都只是一个十几岁的孩子,母亲应该是孩子最温暖的港湾,而不是压力的施加者。

我真的要好好反思一下自己。另外,我应该好好跟孩子谈一下,我会跟他道歉,也希望他能理解妈妈的苦衷。

下午6:00,孩子还没有回家,永慧有点儿担心。放在过去,她早就挨个给孩子同学的父母打电话了,但是今天,她告诉自己要相信孩子,相信孩子有处理情绪和问题的能力。

从今往后,这个家不再是给他施加压力的地方,我会和他一起面对问题,一起解决问题。妈妈是孩子最坚强的后盾。

即便这样,永慧还是忍不住担心。

等孩子回来,我应该做出表率,真诚地跟他道歉。我要让孩子知道,妈妈是一个愿意改变的人。除此之外,我应该学会和压力共处,并控制自己的焦虑,这是我应该完成的功课。如果我实在感到焦虑,我就可以像今天这样,把心里的不安和恐慌写下来,等自己平静了,再去和孩子对话。

正想着,有敲门声响起,孩子在门外说:"妈,我回来了!刚才是我不对,不应该摔门出去。"

听到孩子懂事的话语,永慧的眼泪再次不争气地流了下来。她赶紧跑去开门,门外的孩子脸冻得通红,脸颊上还有泪痕。

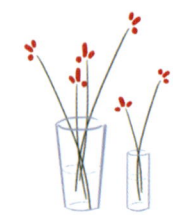

写作疗愈
用写作赶走焦虑、拖延症、坏情绪

划重点

不安的时候，就坐下来写作

　　永慧心里有怨气、有疑惑，但她没有任由情绪发酵，而是立即坐下来写作，因为她知道，只有把问题消灭在萌芽状态，问题所造成的损失才是最小的。其实问题的答案就藏在现象的背后，儿子渐渐长大了，她还在用老方法对待他，这肯定是不行的；而且她把自己焦虑的情绪传递给了儿子，引发了母子的矛盾。借助文字，永慧找到了矛盾的根源。

　　写作即疗愈，只要你写起来，一切都会朝着好的方向转变，这就是写作疗愈的神奇力量。

写作疗愈练习16

把一直困扰你的问题写出来

人每天都会遇到很多问题,问题有大有小,有的问题一转眼就过去了,而有的问题可能会困扰你很久。想一想最近有没有什么问题一直在困扰你,它是什么?到底是什么原因导致的?试着把这个问题写下来,在写的过程中,你也许会有新的发现。

写作创可贴

1. 从问题表面看是你直面的问题,但实际上,问题背后可能有你一直在逃避的东西。
2. 把问题掰开了、揉碎了想一想,问题的关键到底是什么?自己做什么可以改变现状?
3. 从问题内部寻找答案,而不是简单地提出解决方案。
4. 如果认识到了问题,那么从今天开始,就试着解决问题吧。

疗愈加油站

开始写吧，文字有神奇的疗愈力量

第五章 用写作缓解压力

心理学小课堂

一、什么是负面情绪

人总会遇到这样或那样的问题，这些问题都会使人产生各类情绪。有些情绪比较简单，如高兴或者伤心；而有些情绪就比较复杂，如纠结、不甘等。人的情绪会随着事件的变化而变化。

在心理学中，情绪被分为正面情绪和负面情绪。正面情绪包括高兴、积极、满足等，正面情绪可以带给人愉悦的体验；负面情绪包括紧张、愤怒、沮丧、悲伤、痛苦等，之所以称之为负面情绪，是因为此类情绪带给人的体验是不愉悦的，人在深陷负面情绪时，身体会有不适感，有些负面情绪甚至会影响工作和生活。

有了负面情绪就要及时排解。一般情况下，随着时间的推移，负面情绪会自己消散，不需要额外的干预。但有的负面情绪比较顽固，不容易排解。如果一个人长期处于压抑、纠结的状态中，负面情绪也有可能长期存在。

二、如何应对负面情绪

本章的四个故事分别从时间规划、放松精神、释放压力和解决问题这四个方面讲解了如何用写作直面问题，应对负面情绪。

（1）每一件未完成的事都会在潜意识里给人压力。本章的第一个故事说的是顾此失彼的湘琪，她因为没有安排好时间而感到焦虑。焦虑其实就是一种负面情绪，它会让人裹足不前，逃避问题。

既然是时间安排的问题，那就从问题的本质出发，做好时间规划。湘琪仔细考虑了几件事的轻重缓急，发现只要按部就班，一件事一件事地完成，问题自然就能被解决。感到焦虑的时候就坐下来写作，焦虑立即就能得到缓解。

（2）本章的第二个故事说的是紧张的大泳，他得知自己有可能患了重病，感到紧张、不安。紧张就会让病好起来吗？当然不会，紧张不但于事无补，反而会让周围的环境变得更加复杂，更不利于问题的解决。

大泳利用写作分析了紧张背后的原因。他发现自己之所以紧张是因为没有考虑周全，当他仔细考虑了每种可能的结果和应对方案后，他发现其实情况也没有那么糟糕。保持平常心就是最好的准备。

（3）本章的第三个故事说的是遭遇婚姻变故的宗朴。婚姻亮红灯，这对谁来说都不是好事，宗朴也因此变得沮丧、消极，甚至动了轻生的念头。陷入负面情绪的她迷失了方向，她的生活也受到了很大的冲击。

依然是借助写作，她理清了头绪。婚姻变故是结束，也是开始，开启一段新生活也不是什么坏事。即便一个人生活，自己也还有文字相伴，也可以靠写作跟自己对话。

（4）本章的最后一个故事说的是单亲妈妈永慧。她把所有的心血都倾注在孩子身上，没想到换来的却是孩子的对抗和不理解。永慧感到愤懑、失望，但越是如此，她跟孩子之间就越是对立。最后，通过文字，她发现了自己身上的问题，也找到了跟孩子正常沟通的方式。

借助写作，永慧解决了棘手的问题。一方面，她不再患得患失；另一方面，通过写作，她认识到自己不应该主宰孩子的人生，更不应该把自己的情绪强加在孩子身上。

三、做情绪的朋友

在现实生活中，没有谁能保证自己一直处于正面情绪中，当我们遇到一些问题时，我们很可能会产生失望、悲伤、痛苦、纠结、愤怒、忧郁等负面情绪。

负面情绪并不可怕，可怕的是这种负面情绪一直纠缠着你，扰乱你的生活，耗尽你最后一点儿力气，最终把你踩在脚下。很多人的心理问题其实都始于某种负面情绪——内在的心理调节机制失灵，没有处理好负面情绪，最终导致了更严重的心理问题。

应对负面情绪有很多方法，如寻求医生的帮助，运动（有人认为运动可以促进人体分泌多巴胺，而多巴胺有助于对抗负面情绪），蒙着头好好地睡一觉。当然，你也可以试试写作疗愈的方法。通过写作缓解压力，摆脱负面情绪，也不失为一种简单易行的好方法。

课后写作练习：写作接龙

　　最近突然遇到很多烦心事，千头万绪，终于在今天早上，负面情绪因为一件小事而爆发了。（请接着写下去）_____

_____
_____
_____
_____
_____
_____
_____
_____
_____

1. 可以用第一人称（我）来写，便于直抒胸臆。
2. 你可以选择给别人看，也可以只给自己看。
3. 只有积极面对才能解决问题，所以一定不要隐藏任何秘密。在写作的过程中，希望你对自己百分之百坦诚。

第 六 章

月有阴晴圆缺，人的情绪也有好有坏，这都是生活的常态。接纳自己的坏情绪，不是压抑和假装不在意，而是用更积极的方式去排解它。

第六章
用写作对抗坏情绪

在现代社会，物质和精神生活日渐丰富，很多人却越来越不开心，他们被生活中各种各样的问题所困扰，苦闷发愁，甚至心生抱怨。可是很少有人仔细想一想，到底是什么让自己不开心？到底如何才能让自己的嘴角再次上扬？

第一节　换一种方式吐槽

一、永远活在抱怨中的小云

"今天真丧气！"

午饭过后，小云坐在办公桌前喝了一大口咖啡，想起中午发生的事情，她很愤怒。对面的同事小颖看到小云脸色不太对，出于关心问了她一句。这下可好，一下子打开了小云的话匣子。

"小颖，你今天幸好没去食堂，不然会被气死。"

看着小颖疑惑的眼光，小云气哼哼地对小颖抱怨起来。

"食堂的服务越来越差劲了,打饭的师傅三心二意,我明明要的是一份土豆,可是他给我打的却是旁边的茄子。我纠正他,他还一脸不高兴,怪我没有说清楚。

人的素质真的分三六九等,这种人就是无论怎么样都不会承认自己的错误。"

说到这儿,小云又想起了自己的老公,昨天他们因为一件事闹了点儿不愉快,于是小云竹筒倒豆子般地继续往下说。

"就说我家王志,昨天洗碗的时候把我新买的盘子摔碎了。我就过去说了他一句,让他稍微小心一些,不要毛手毛脚的,结果他竟然生气了。难道道个歉就那么难吗?

听不得批评,还挺有主见,有些人就是无法沟通。对了,你知道吗?上周日我去上钢琴课,因为我小时候学过一段时间,所以我有一定的弹奏习惯,可是教我的老师总想让我按照她的方式去弹。我就和她争执了一下,谁知道她竟然说教不了我,让我另请高明……"

小云终于抓住了一个听众,喋喋不休地吐槽着各种不顺心的事。她没有注意到,对面的小颖从最开始的认真倾听,逐渐变得心不在焉,到最后偷偷地塞上了耳机。

如果小云看到小颖对她的倾诉这样不屑一顾,说不定明天她又会和其他人抱怨小颖这个同事太不够意思了。

二、抱怨是"精神鸦片"

渐渐地,没有人愿意和小云聊天了。她和别人聊天的话题,永远都是这些鸡毛蒜皮的小事,而她的态度永远都是在抱怨,好像全世界都在跟她作对。

小云的精神状态也在无休止的抱怨中越来越差。她对很多事情都提不起兴趣,无论是在家还是在单位,不说话还好,她只要一张嘴,准保是发泄心中的不满。小云也知道,大家不愿意听她抱怨和吐槽,但是她发现,抱怨的时候她会有一种高高在上的优越感——对任何人和事,她都可以评价一番。这种感觉就像"精神鸦片",明知道有害却又戒不掉。

但抱怨伤害不了别人,只能伤害小云自己。有一天,一个很久没见面的老朋友看到小云,很惊讶地问她最近是不是出了什么事,为什么看起来脸色这么差。

小云平时根本没有时间关注自己,听朋友这样说,她赶紧去洗手间照了照镜子。镜子中的这个人脸色泛黄,双眼无神,嘴唇也没有一点儿血色。

"我这是怎么了?"小云喃喃道,她不敢相信自己变成了这个样子。

小云打电话给一个朋友,这次不是抱怨,而是请朋友支支招。这个朋友是做心理咨询的,好像每次聊天都能一眼把小云看透。

朋友很耐心地听小云讲了自己的情况,她并没有做评价,也没有提出什么建议,她对小云说:"你之所以这么颓废,不是因为你遭遇了什么,而是因为你主动选择了这样的生活方式。也就是说,是你自己一步步把自己变成了这样。"

"我自己把自己变成了这样?"这句话让小云想了很久,"我到底做错了什么？"

在她看来，吐槽和抱怨是她每天为数不多的快乐源泉，难道这样就会让自己变老、变丑？不可能吧！

三、用文字抱怨，我打赌你写不满500个字

朋友最后给了小云一个建议，如果下次再想抱怨，不要用嘴说，把抱怨写下来。"我打赌你写不满500个字。"朋友说道。

小云是个说起来就没完的人，她当然不相信自己写不满500个字，于是她找来一个本子，真的开始用文字发泄心中的怨气。

这几天有什么值得抱怨的事呢？小云想了想就开始动笔。

昨天早上起来我就生了一肚子气，和孩子说了很多次了，东西要摆放整齐。可是当我做完早饭后到卫生间一看，发现洗漱用品被随处乱放，香皂泡沫被弄得到处都是，地上全都是水。我火冒三丈，想教训孩子，可老公却拦着我，怪我一大早就不让他省心。真不知道是谁不让谁省心！

还有，最近上班，我总是遇见一帮老头儿、老太太跟我挤地铁，他们避开交通高峰期出门不好吗？知道上班族有多辛苦吗？就因为他们，我错过了一班地铁，上班迟到了10分钟，还被扣了100元钱，心情真是差到极点！

小云一口气写了两件事情，但她发现自己的语言太贫乏了，写来写去就是那么几句话。如果是平时对着同事抱怨，一件事情至少可以说上半个小时，可是今天不知道为什么，当把抱怨化作文字，她实在

不知道该写些什么，感觉翻来覆去就是那几个词。而且写下来的文字，她也不想再看一遍。

另外，让小云觉得奇怪的是，为什么写之前一肚子火，写着写着火气就慢慢消了呢？

为什么我只写了两件事就不想再继续写了呢？我本来今天还遇到了好几件不开心的事，可是不知怎么的，我突然就不想写了。看着刚刚写下的文字，我觉得好无趣，我突然就有一种感觉：这都是什么鸡毛蒜皮的事情啊，也值得我把它们一一写下来？我的关注点竟然都在那些完全没有价值的事情上。难道生活中就没有更值得我关注的事情了吗？

怪不得同事都不愿意听我说话，不喜欢和我聊天。换作我，我也不愿意听到这些很琐碎、很无聊的事情。

小云第一次觉得抱怨是一件非常浪费生命的事情，她赶紧写下此刻的感受。

用文字抱怨的时候，我既是抱怨者，也是那个倾听的人。当通过文字把自己亲身经历的事写下来后，我才发现，这些事根本不值得生气，很多事完全不值一提。文字让我成了一名旁观者，当我从旁观者的角度去看这些事的时候，我发现抱怨真的是一件很傻的事。

小云继续写，她想用一名旁观者的身份告诉自己应该怎么做。

说出来和写出来的感觉真的不一样。说话的时候，嘴巴好像比脑子快，脑子还没想清楚，嘴巴就说出来了；写作的时候，脑子比手快，必须先想清楚，才能一笔一画地写出来。难怪朋友说我写不满500

个字，坏情绪在写的过程中都被消化了，的确没什么好写的了。

以后再遇到类似的想要抱怨的事时，如果还是上面写的这种毫无意义的小事，那我就要将他们从脑海中抹掉，并且要告诫自己，不要因此而产生抱怨，不要再去向其他人抱怨，也不要让抱怨左右自己的情绪。

书上说，要改变那些能改变的，接受那些不能改变的。对于那些我改变不了的事情，抱怨其实也于事无补。

写到这儿，小云又往深层次想了想：为什么自己总喜欢抱怨呢？

抱怨和吐槽的那一刻，我的确有一种快感，好像全世界都在我的掌控之中。但这种"快感"有害且会让人上瘾。看看我现在的样子，抱怨没有让我的皮肤变好，没有让我的身体变得更健康，反而让我变得越来越消极、越来越悲观。

好多人提醒过我，我也知道自己的问题。之前我不愿意改，是因为我不觉得这有什么影响，现在看来，我必须做一些调整了，不然就真的没有朋友了。可能大家也不喜欢跟一个满身戾气的人相处吧。

写完这些，小云像变了一个人一样。她感觉身上的负能量被一扫而空。回过头想想过去的这段日子，小云突然笑了，过去的自己好像看透了一切，但实际上整天抱怨和吐槽反倒把自己置于真空中。还好，现在她醒悟了，一切都还不算晚，一切都还来得及。

划重点 —— 找到抱怨背后的症结

小云还是那个小云,说的事情还是一样的事情,为什么跟别人抱怨就能说上好久,而自己写的时候只能写两件事呢?

口头抱怨和写作的差别在于,抱怨并不是为了解决问题,很多时候抱怨是在放任坏情绪继续发酵;而写作是就事论事地把问题写下来,边写边整理思路,因而很快就能找到解决问题的办法。

小云发现了对抗坏情绪的妙招,她再也不需要拉着同事抱怨了。有了写作疗愈这个工具,以后想要发泄心中的不满和怨气,就简单多了。

写作疗愈练习17

我转念一想

现实生活中有很多看上去很糟糕的事情，但实际上，也许并不是问题本身糟糕，而是你把它想得很糟糕。比如，一大早就堵车，你很恼火，但换个角度想，在大城市生活难免会遇到堵车的问题，利用堵车时间听听音乐放松一下，倒也不是件坏事。同一件事换个角度看，结果可能就完全不一样了。请以"我转念一想"为题写一篇文章，说说你经历过的思考角度转变的故事。

写作创可贴

1. 尽量客观地描述自己想要抱怨的事。
2. 把抱怨写下来，写到不想再写为止，并进一步分析不想再写的原因。
3. 以旁观者的心态来看待自己遇到的每一件事。

第二节　即使其他事都失败，至少这件事会成功

一、没有信心的小兰

我是一个失败者，我什么都不会，连完成一项工作都困难重重。

小兰沮丧地写下这句话。她仔细回想着自己总是卡壳的任务，信心快要跌至谷底，她一条一条地写着。

老板第一次安排我写一份部门报告，可写了个开头我就不会写了，思路像一团糨糊，距离提交时间还有一天，我真不知道该怎么办。

还有一份报表，因为数据还没有统计清楚，所以迟迟不能完成，可统计工作又快不起来，真让人着急。

昨天参加一个讲座，老师中途布置了一个作业，让每个人都写一篇发言稿，并在讲座结束后上台进行互动交流。我担心自己临场发挥不好，所以一点动笔写的念头都没有。当我看到其他人都完成了任务并自信地走上台交流时，我觉得自己真是无能。

最近我参加了一个线上写作培训班，每天都有写作作业。很多人都很有韧劲，作业完成得也很快，可我越看别人写的，越觉得自己写得不好，慢慢地就不敢写了。到现在，一篇作业都没有完成。

小兰坐在电脑前，越写越觉得丧气。她发现自己专业知识不足、能力差、协调性差，总之，做什么都不行。此时正好是午餐时间，小兰一点儿胃口都没有。她知道这样下去不是办法，她想努力找到破解之道。

我可能真的一无是处，今天写日记也是因为有些话憋在心里不吐不快，或许再写几个字，这篇日记也会半途而废。我就是这样一个失败的人，连一篇日记都写不好。

可是这份工作是我好不容易才找到的，如果我再这样下去，或许很快连工作都会丢掉。这是一个很可怕的结局，我不能让自己走到这一步，我应当逼自己去寻找问题所在。

问题到底出在哪里呢？

二、完成比完美更重要

小兰认真地思考每一项任务完不成的原因，她接着写。

报告写不下去，是因为我这段时间信心不足，没有积极参与部门工作，导致自己对工作的了解不够深入。部门最近都有哪些活动？做了哪些工作？我需要一项一项去掌握。当对待工作只流于表面时，我自然无法写出有深度、有内容的工作报告。

顺着这个思路，她继续分析。

那么报表呢？数据统计工作是下属单位的事情，我一直纠结于他们能否按时提交。如果我转变工作思路，让数据统计工作提前开展，并将截止时限也相应提前，加紧督促下属单位，这样就能给自己留出较充足的时间，不至于让工作火烧眉毛。

在讲座上，我格外担心自己临场发挥不好，主要原因还是不自信，那么我可以一方面鼓励自己先把发言稿写出来，努力完成第一步，而不要管是否上台；另一方面，我要在公开场合多做类似的演讲来锻炼自己的交流能力，增强自信心。

至于最后一项未完成的任务，同样是不自信造成的。除了公司日常要求写的简短报告，我从来没有写过其他报告。我害怕受打击，担心得不到认可。但是如果连第一步都迈不出去，我又怎么能有所收获和成长呢？

梳理到这儿，小兰找到了自己无法完成任务的两个原因：一是准备工作没有做到位，没有制订计划，以及思考不够深入；二是自信心不足，顾虑太多，未败先衰。

找到了原因，小兰决定以后无论做任何事都先不要担心结果，扎扎实实一步一步地去完成，这才是克服困难的办法。

完成，就是一种成就。只有去做，做完，才会有更多的可能性。

小兰输入这一行字后，长长地呼出了一口气，她觉得轻松多了。掏出手机，发现已经下午1:00了，她感觉肚子有些饿。

"或许，我应该先填饱肚子，这样才能有更多的体力和脑力去完成任务！"小兰边想边离开座位，快步向楼下走去。

三、是过去的失败让你越来越不自信

吃饭的时候，小兰突然对报告框架有了更清晰的思路，但是她需要一些具体的活动内容作为参考。没有多想，小兰马上给负责这项工作的同事打电话，详细了解活动的具体内容和数据后，小兰对完成报告又多了一些信心。

回到办公室，小兰重新坐在电脑前，决定还是先把日记写完。她

跟自己说："做任务要有始有终，那就先从写完这篇日记开始吧。"

找到了无法完成任务的原因，这让我感到轻松。人轻松了，头脑也清楚了，刚才突然冒出来的报告思路，甚至让我有些兴奋。先不管任务完成的质量怎么样，起码我多了一些信心去把这几项任务一一攻克。

怎样攻克呢？小兰先提出问题，然后试着去寻找答案。

第一，根据工作时间，进行合理规划。按照截止日期。列出工作计划。哪一项工作需要哪些资料，尽可能想齐全，同时列出资料清单和每一项工作的完成日期，按照资料清单逐项去完成。这样的安排可以避免自己思维混乱，让工作有条不紊地开展。

第二，针对知识储备不足、能力差等问题，进行适当的刻意训练，不要急于求成，日积月累，自己的各方面水平一定会有显著的提高。

第三，给自己打气，增强自信心。即使没有信心完成全部任务，也要尽可能完成自己能完成的部分，一步一步来，不要轻易放弃。

第四，……

第五，……

小兰的日记字数越来越多，她没想到原来自己可以在文档里写下这么多文字。她觉得还有很多话没有说完，而且自己今天的思路非常清晰。她想，按照这样的规划去改正缺点，自己一定会在未来收获一些意想不到的东西。

小兰看到同事在自己身边走来走去，这才意识到上班时间快到了。她看了看手表，还有十分钟，她已经在电脑前写了将近两个小时，写下了好几页文字（这在之前是不可能做到的）。她依然保持着相同的坐姿，手指在键盘上飞舞，她要在剩下的十分钟内把日记收尾。

在写作培训班上，我看到很多人可以写几千字，甚至几万字，当时我觉得自己连1000字都很难写出来。可是现在，只用了两个小时的时间，我就写了几千字。

小兰敲击键盘的手上下飞舞，好像在跳一段美妙的舞蹈，这给她带来了满足感，她接着写道：

我需要努力完成每一件事，就像现在这样，认真地把这篇日记写完。写作不仅让我发现了自己的不足，还帮助我找到了解决问题的办法。写到现在，我终于明白，不是任务太艰巨，也不是自己能力太差，而是自己习惯性地用未知的困难给自己套上枷锁，让自己被臆想出来的问题束缚住前进的脚步。从现在开始，就从这篇日记开始，我将无所畏惧，一切都会变得容易起来。

我很久没有过这种满足感了。写作让我发现自己还有很多可取之处。如果以后再丧失信心，认为自己什么任务都完不成，那不妨坐下来，仔细地分析问题，寻找原因，再写一篇完整的文章，跟自己说："你看，我这不是可以嘛！"至少，这件事我做到了。

小兰微笑着推开键盘，起身扭了扭腰，然后重新坐下，调整到一个舒适的姿势，接着打开一个新的文档，轻轻地敲下四个字：部门报告。

她相信自己一定可以在今天下班之前把报告完成，并准时送到领导的办公桌上。

划重点 用写作的成就感给自己打气

小兰为什么没有信心？是因为任务太难了，还是因为她没有准备好？其实都不是，而是因为她不相信自己能把一件事做好。因为不自信，她就没办法百分之百地投入一件事，做事的时候也会畏首畏尾，这样她就更难做好了。自信不是简单的信念，它应该是一种行动方法。通过写作，小兰找出了自己失败的原因并有针对性地提出了解决办法。这是一个好的开头，因为她终于通过文字迈出了思考的第一步。完成这篇日记对小兰来说意义重大，因为她发现自己并不是什么事都做不好，至少在写作上她是可以的。

写完一篇文章其实就有疗愈的效果，可以让人重拾信心，因为"完成"会给人一种成就感。比起克服生活中的困难，写一篇文章是很容易完成的，几乎每个人都可以做到。即使做其他事失败了，至少写作这件事会成功，而这种成功会让你的精神为之一振。

写作疗愈练习18

想做却一直没有做的事

有很多事可能你想做很久了,但一直没有做,如学游泳、学一门外语、去欧洲旅行、准备考研等。请找出一件你特别想做但一直没做的事,把它写下来,题目可以是"想做却一直没有做的事"或者"被拖延的梦想"。

写作创可贴

1. 为什么有些事一直被拖延?是因为很难,还是因为你苛求完美,或者是有别的原因?
2. 请顺着以上思路,鼓励自己挖掘问题的本质根源,并找到合理的解决办法。
3. 用写作帮助自己体会"完成"的美好感觉,并推动自己按照解决办法完成想要做的事。

第三节　感动是一种高级的能量

一、以泪洗面的宝亭

新晋升为妈妈的这半年是宝亭最累的一段时间。

生产的疼痛、月子中的不适、无休止的夜奶让宝亭的情绪一直处于崩溃的边缘。

又是一个夜晚，第三次喂完宝宝后，宝亭捶了捶因为长时间抱孩子而酸疼的腰，身旁的老公已经睡熟了，周围的一切都很安静。宝亭忽然觉得很委屈，她想大哭一场，可又害怕吵醒老公和孩子，于是她干脆起身穿好衣服，走进书房，捧着一包纸巾，任凭泪水流下。

哭过之后，宝亭觉得好受了一点儿，墙上的时钟指针指向凌晨3:00了，她却毫无睡意，于是她打开了电脑，写下了这些文字。

我不知道自己除了哭还能做些什么，我心里很难受，却不能和任何人倾诉。和老公倾诉？他不太能理解这种辛苦；和娘家人倾诉？娘家人会觉得我在这里受了委屈；和婆家人倾诉？婆家人会觉得我无理取闹；和外人倾诉？外人会觉得我矫情，他们会认为这都是一个妈妈应该经历的。

道理我都懂，我也知道再熬个一年半载就会轻松很多，但我就是难过，仿佛自己掉进了一个冰窟窿里，这里只有我自己，其他人从上面走过，却没有人肯拉我一把。我似乎丧失了生活的动力和对未来的憧憬。

写到这里，宝亭抑制不住地趴在桌子上大哭了起来。似乎只有大哭一场，她才能排解心中的压抑。

二、点滴生活，皆有感动

平静下来后，宝亭想把做妈妈这半年以来发生的事情记录下来，她接着写。

临生产的那天，我疼了一夜，第二天一早就进了产房，历经两个小时，我的宝宝才来到这个世界。看见宝宝的那一刻，我觉得一切都是值得的。

可我没想到，这竟是噩梦的开始。月子里家人管得严，我不能出门、不能洗澡、不能用手机，饮食也被限制。说句不好听的，我就是一只被关在笼子里的"奶牛"，每天的工作就是产奶、喂奶，所有的饮食也都是为了产奶。我所有的情感和需求都被剥夺，这种滋味真难受。

出了月子，我一个人带孩子，要喂奶、要哄睡、要给孩子换尿布，还要给自己做饭，收拾家里，真的是手忙脚乱。那一刻，我多希望有个人能在身边给我搭把手，可是根本没有人帮忙，也没有人看到我的辛苦。

身体上的辛苦还是次要的，我觉得最可怕的是心理上的变化。在家照顾孩子彻底改变了我的生活。这半年里，我顾不上和朋友联系，也没有半点儿自己的生活。过去心情不好时我还能去吃顿大餐或者看个电影，现在能干什么？现在我连睡眠都保证不了。这种压抑能跟谁说呢？我总不能跟孩子说吧！

写到这里，孩子哭了，宝亭赶紧回去哄孩子。还好，孩子很快又睡着了，宝亭回到电脑前，接着写刚才没写完的文章。

要说大家都不管不问，倒也不是。老公虽然晚上睡得熟，很少帮我，但是他也算尽到了做父亲的责任。过去他经常出去应酬，现在他每天下班都会第一时间赶回家，为的就是缩短我独自带孩子的时间。每当我对他说我没有休息好或者腰酸背痛时，他都会贴心地给我按摩。唯一的问题是，他对我的精神方面关注得不够。生完孩子后，我的情绪很容易波动，但他好像完全不能理解。要是他每天能多陪我说说话就好了。

本来宝亭想吐槽一下老公，可是写着写着，她居然写出了老公做得比较好的地方——瑕疵当然有，但他基本算是一位合格的父亲吧。

一转头，宝亭看到了书桌旁边的碗。这是婆婆送汤的碗。

婆婆每天都会给我送汤，她说汤汤水水比较养人。说实话，我并不想喝这些汤，但是老人年纪大了，也难得她有这份心。婆婆身体不好，不能帮我带孩子，但她也算尽自己所能来帮我们了。

还有我的父母，母亲卧病在床，父亲要寸步不离地照顾她。他们不能来帮我，我特别能理解。我也不想他们担心我，每次我都跟他们说我一个人能行。

写着写着，宝亭的眼泪又落了下来。家家都有一本难念的经，不是大家不帮她，的确是能力有限。生活不容易，多一点儿理解，自己心里就能多一点儿宽慰。

这样一想，宝亭心里就好受多了，她不是被遗弃的人，大家都在关心她、爱护她。

其实并不是没人管我，是我自己没有做好心理准备。过去朋友说要小心产后抑郁我还不相信，现在看来，这还真是个问题。

有时候，我会不自觉地羡慕别人的家庭，别人家都是好几个人一起带孩子，别人的老公温柔体贴，有耐心。别人家都有月嫂和保姆，能让母亲不那么辛苦。别人家各种设施都很齐全，要什么有什么……

宝亭突然笑出声来。当把这些想法变成文字时，她觉得自己真的挺幼稚的。每个人都有自己的生活，非要比较，那不是庸人自扰吗？

三、感慨—感动—感恩，情绪的能量升级

也许是她的笑声惊动了孩子，孩子又醒了。这次孩子是饿了，宝亭把孩子抱在怀里，孩子吃着奶，慢慢地又睡着了。

把孩子放好，宝亭又回到电脑前。过去写东西能一口气写完，现在有了孩子，时间都是碎片化的，宝亭要抓紧时间。

刚刚宝宝吃奶的样子真的是很可爱。养育孩子虽然很辛苦，但其实也留下了很多美好的瞬间。如果能把这些瞬间都记录下来，那么以后回忆起来，我应该会感到很甜蜜。

老公、婆婆和我的父母，他们都在用力所能及的方式默默地帮助我，只不过我没有及时发现。老公经常跟我说辛苦了，之前我还觉得他只是惺惺作态，现在看来，他是发自内心地关心我。之前我觉得婆婆只知道送一些汤水却不帮我带孩子，只是因为担心自己孙子的口粮，但现在我不这样想了，即便她心里只有孩子，那也是在变相地帮助我。母亲卧病在床不能过来帮我，但是她依然牵挂我，每晚给宝宝织毛衣织到很晚才睡，就怕宝宝不能及时穿到。

大家都挺好的，没有谁是虚情假意的，大家都在用自己的方式关心我。

想到这些，宝亭被身边的亲人们深深地感动了。感动之后，心中又充满了感恩之情。

我爱他们，如果不让自己强大起来，我又怎么有能力去回馈他们的爱呢？

把心中的苦水倒出来之后，宝亭觉得自己充满了能量，她信心满满地制订了下一步计划。

针对晚上休息不好的问题，我应该在白天尽可能地利用宝宝睡觉的时间来补充睡眠，让自己和宝宝作息一致，这样可以最大化地补充体力。

有空可以看看舒缓情绪的电影和书籍，让生活重新充满乐趣。压力实在太大的时候，就坐下来写一写，用文字倾诉心声，让自己保持冷静，一般写完就没事了。

周末和老公一起带孩子出去游玩，这样既能够让老公参与孩子的成长过程，又能够培养亲子感情，享受和家人在一起的温情瞬间。

如果实在太累、太压抑，就将孩子托付给婆婆或者其他家人几个小时，自己出去逛街散心，让好心情回归。一个不开心的妈妈教不出一个乐观向上的孩子，所以我不能带着怨气生活。

外面的天已经蒙蒙亮了，新的一天到来了，此刻宝亭特别想和老公分享自己的心情，她知道，她面对生活的勇气又回来了。

回到卧室，她看到老公和孩子都在酣睡，看着眼前的一大一小，宝亭的眼泪再次流了下来。这一次的眼泪是暖的，她第一次体会到流泪的幸福。

新的一天正等着她，那是全新的一天、美好的一天。

划重点
用写作去感知更高级的感情

刚开始的时候,宝亭因为难过而流泪,中间因为感慨当妈妈不容易而流泪,但是写着写着,她开始因为感动而流泪,因为感恩而流泪。虽然都是眼泪,它们的温度却不同,味道也不同。

宝亭就是用写作疗愈让自己的心态发生了改变。她没有一直抱怨,也没有把焦点放在眼前的困难上,她看到了"画外画"——别人的帮扶、一家老小的平安,以及周围满满的爱。这些高级的感情让她重燃了对抗困难的勇气。借助于写作,宝亭升级了自己的感情。

写作疗愈练习19

那一次，我被感动了

现代社会的生活节奏快、生活压力大，很多事情在不经意间就过去了。正是这种不经意，让我们失去了很多近距离观察生活的机会。今天，就稍微停顿一下吧，想一想你身边的人做过的最让你感动的一件事。以"那一次，我被感动了"为题写一篇文章，说说自己到底为什么感动，当时是什么感觉，感动之后你做了什么。注意，要把自己感受到的细微之处写出来。

写作创可贴

1. 找到感动的触发点。你看到了什么？想到了什么？为什么会感动？
2. 随着写作的深入，感动会转化为感恩，感恩会带给人无限的动力。
3. 在写作中体会感动的力量。

第四节 笑，是疗愈一切的良药

一、不开心的成亦

为什么这里的环境这么糟糕？同事之间钩心斗角，有了工作就互相推诿，我一点儿也不喜欢这里。

成亦沉着脸，在日志里重重地敲下这段话。

最近成亦的心情很不好，她刚刚换了一个工作单位，没想到这里的人际关系非常复杂。虽然她无意加入任何一个小团体，但是办公室的几大派系总是有意无意地给她传递一些信号，这让她很苦恼。成亦很想处理好同事关系，可是越想跟大家好好相处，她越发现这是一件困难的事。

一口气堵在胸口，她眉头紧锁，打字的速度也快了起来，似乎把这些讨厌的事情写出来，它们就会远离自己。

一想到工作，我的心情就很差。每天浸泡在这种环境中八个小时，感觉整个人都要疯掉了。我没有心情工作，没有心思和大家开玩笑。看着同事们的面孔，我总是会想，他们是不是又在背后酝酿什么整人的计划，这样的日子，我一天也不想过了。

有时候，我真后悔自己的选择，后悔放弃上一份工作。我不知道这个单位是否值得待下去。我到底应该怎么办？我不想卷入办公室斗争，我只想做好我的工作，安安心心上班。

不知不觉间，成亦的眉头已经拧在了一起。

二、对抗坏情绪，拯救不开心

既然单位的事情一时半会儿解决不了，那不如想点儿开心的事情。成亦把刚刚写的东西都删掉了，她打算只记录开心和温暖的事情。

找到新工作的那天，我特别兴奋，张罗朋友们聚餐。朋友们没有一个缺席，每个人都真心地对我表示祝贺，有这样一群朋友，我感到很幸福。

上班的第一周，领导就给我安排了一个艰巨的任务。我担心自己不能完成，可领导说，他看过我的履历，觉得我没问题，他相信我能干好。领导的认可让我感到开心。

和我一起入职的女孩，我们没有说过话，每次见面就是互相点头微笑一下。有一次，单位有个人欺负我，我跟他大吵了一架。吵完之后，我躲在卫生间哭得一塌糊涂，她跑过来看我，我一直记得她的眼神，那是只有朋友之间才懂的鼓励。

还有什么呢？其实这个单位里也发生了很多让人啼笑皆非的事。

那天刘大姐过来拉拢我，让我和他们一起写封联名告状信，我没有同意，刘大姐翻着白眼就走了。她翻白眼的样子好像一个演滑稽剧的小丑，当时我差点没憋住笑。我现在想起来还觉得好笑，这大概是这些天最好玩儿的一件事了。

写到这里，成亦发现，其实生活中也不都是麻烦和不如意，如果能从工作中跳出来，就会发现还有很多开心的事。她决定再多想想，看看还有什么开心的事，她要把它们全部记录下来。

三、建一个储蓄快乐的"开心银行"

对了,我差点儿忘记了,上周和闺蜜去逛街,在鞋店试鞋的时候,我发现她居然马虎到穿了两只不一样的袜子,我们看着对方哈哈大笑,笑得肚子都疼了。

还有,爸爸居然比妈妈提前进入了更年期,每天都焦躁得不得了。他一会儿嫌弃妈妈干活慢,一会儿说没有人照顾他。最好笑的就是有一天看电视,爸爸看到别人在玩无人机,非要买一个回来。我们都说无人机是专业人士用的,不同意他买,他还不乐意,生了一晚上闷气。

成亦想着爸爸生闷气的画面,觉得很好笑,"扑哧"一声笑了出来。

前几天男朋友问了我一个问题,他问我吃什么会变丑。我很认真地想了想,说吃烧烤会变丑。他笑得腰都直不起来了。他说正确答案是藕,因为吃藕连起来读(chī ǒu)就是"丑"。真是个好冷的笑话。

这一招真的很有效,成亦越写越开心。她发现快乐和不快乐都是可以积累的,每想起一件开心的事,就好像往自己的开心账户里存了一笔钱;而每想起一件烦心事,就好像从开心账户里支取了一笔钱。成亦想,自己应该做的是"多存钱",而不是搞得自己入不敷出。

今天想到这么多开心的事情,就像存入了好几笔钱。看着财富越积越多,成亦突然觉得自己的状态又回来了,好像一切都没有那么糟了。

要不干脆在电脑里专门建一个文件夹，就叫"开心银行"好了。以后不管是开心还是不开心，都要往这个银行里存"一笔钱"——开心的时候要存，不开心的时候更要存。因为"存钱"的过程比看到银行账户里的余额还要开心。

她数了一下，今天在这篇文章里写了七个故事，相当于存了七笔钱。她今天还建了一个"开心银行"，这也算一笔"存款"，加起来正好是八笔。

难怪人家说，笑是疗愈一切的良药，果然没错。不过真怕这样傻笑脸上会长皱纹。

成亦写到这里，还真的拿起镜子看了看，她发现镜子中的自己一改过去的愁眉苦脸。

嗯，笑一笑，十年少，以后啊，我还真的要多笑笑。即便不开心，也要用文字去记录那些曾经让我开心的事。

成亦又想起"开心银行"这个名字，她发自内心地感到满意。

原来一个人不但要有财务账户，还要有一个情绪账户。我以前只会透支情绪，完全是负资产，难怪自己会不开心。现在我要给自己建一个开心银行，把开心的事都存进去，让它们在里头每天钱滚钱，月月拿利息。

写到这儿，成亦突然想到经常在手机上看到的理财广告："每天钱滚钱，月月拿利息。"她想到理财广告里那夸张的语调，再对照一下自己，又笑了。

成亦发现自己很久没有这么开心过了，每一件小事都能让她笑个不停。写到最后，她甚至忘了自己是因为什么才开始写这篇日志的。

本来这应该是一篇压抑的文章，可没想到写到最后，我居然这么欢乐。这种感觉非常好，我感觉自己被快乐包围着。是的，我不应该被那些负能量的事情所干扰，我最应该做的，除了认真完成本职工作，就是多给自己找点儿快乐。

她笃定地打下这些文字，然后缓缓地闭上了眼睛，回味着刚才记录的每一件事。早知道这样，她应该早些把这些有意思的事都记录下来，也不至于让烦恼困扰了自己这么久。

笑，是疗愈一切的良药，无论是开怀大笑还是微微一笑，都可以将烦恼赶走。写作不仅让我的情绪回归平静，还让我找到了久违的快乐。从现在开始，我要让那些烦恼都从脑海里消失！

文章写完了，成亦站起身活动了一下筋骨，她伸了一个大大的懒腰，长吐了一口气，整个人都感到特别轻松。她现在不难过了，也不烦恼了，她找到了让自己快乐的方法。只有先让自己快乐起来，才能赶跑那些令人讨厌的烦恼。

第六章　用写作对抗坏情绪

划重点　让自己的账户上总有"快乐余额"

成亦是如何从不开心变得开心的呢？方法很简单，那就是"笑"。笑能解忧，笑是坏情绪的天敌，笑是疗愈不开心最有效的办法之一，笑是很多问题的"解药"。

很多人靠看电影、听笑话逗自己发笑，而成亦靠的是写作。她发现其实身边就有很多好笑的事，只是自己平时不注意，才让这些快乐一个个溜走了。她建立了属于自己的"开心银行"，把开心都存储在里面，每次不开心的时候就支取一点儿，而且一边用一边存入更多的开心，让自己的开心银行里总有"快乐余额"。

用这种写作疗愈的方法，成亦"治"好了自己的不开心，也赶走了自己的坏情绪。

写作疗愈练习20

一想到他（它），我就开心

不快乐的情绪可以积累，比如，有的人会把自己遇到的不开心的事都串联起来，越想越不快乐。而快乐的情绪也是可以积累的，把正在经历的快乐的事记录下来，或者回忆过去发生的一件件快乐的事，都能给你的情绪带来正向、积极的影响。

想一想让你开心的事都有哪些，它们有什么共同点？以"一想到他（它），我就开心"为题写一篇文章，记录那些能让你开心的人和事。

写作创可贴

1. 能让你开心的人和事有很多，但只有极少数能让你一想到就开心，他（它）究竟是谁（什么）？
2. 快乐没有那么复杂，快乐可能直接又简单。
3. 不用纠结于这种快乐是高雅的还是俗气的，能让你开心的东西，都值得你多给予一些关注。

疗愈加油站

写作疗愈是调节情绪的好帮手

写作疗愈
用写作赶走焦虑、拖延症、坏情绪

心理学小课堂

一、什么是情绪

情绪是个体对待客观事物的态度体验以及相应的行为反应，它由人的认知和意识过程决定，是一种以个人的愿望和需求为核心的心理活动。

上面这个定义稍显复杂，简单来讲，情绪就是我们的某种心理状态，如快乐、悲伤、失望、幸福、愤怒、恐惧、焦虑等，这些都是我们面对外界事物时产生的情绪。

在心理学上，情绪分为两大类：积极情绪和消极情绪。积极情绪是能够带给人希望和动力的情绪，它可以转化为较强的行动力，让人产生幸福感。消极情绪也叫负面情绪。在心理学中，负面情绪是由于客观事物或者现实情境不符合主体的愿望和需求而产生的消极、否定的情绪。负面情绪有时会引发一些消极的外部表现和行为，会抑制个体的发展和进步，甚至会危害个体的身体健康。

二、产生负面情绪的原因

负面情绪的产生主要有以下几个原因。

（1）压力。个体遭受超负荷或者违背其个性的压力。

（2）变故。当个体突然遭受不愿意面对的变故时，会产生很强烈的负面情绪。

（3）落差。当个体树立的目标久未达成，或者实际情况与预期的情况相差甚远时，个体会很矛盾，从而产生强烈的焦虑和忧郁情绪。

（4）阻碍。人在成长的过程中会遇到无数的阻碍。有的人意志力强大，会将阻碍视为挑战，从而征服阻碍；有的人意志力薄弱，容易被阻碍禁锢头脑和手脚，产生畏缩心理，并进行自我否定。

三、如何通过写作调节负面情绪

本章的四个故事以抱怨、自卑、失望、迷茫四种情绪为例，介绍了通过写作调节负面情绪的办法。

（1）回归冷静。当个体沉浸在负面情绪中时，就好像给自己戴上了一副有色眼镜，看什么都会变色。这时候如果去处理问题，个体很可能就会不冷静，甚至做出不理智的行为。

写作为个体提供了一个重新审视事件的机会。在写作的过程中，个体必须关注事件本身。在记述事件的过程中，你会发现你对事件的某些印象可能并不是事实，而是你的想象。区别事实和想象，有助于问题的解决。

（2）再现记忆。人对外界的感知过程也是信息提取的过程，因为个体情绪会受经验和环境等因素的影响，大脑有时会被某种信息所占据，从而诱发联想，产生并不存在的认知。及时梳理是让记忆再现的一种方式。通过记忆再现，个体可以抓住自己之前遗失或者未能注意到的事件，从而找到引起困扰的根本原因，达到消除苦恼的目的。

（3）正向激励。我们在生活中会产生各种各样的情绪，如高兴、悲伤、欢快、忧虑等。每种情绪会带给我们不同的能量，如开心的时候，我们会感觉自己精神焕发，干什么都特别有劲儿。我们应该让外部积极的事物作用于自己的内心，从而引发正面情绪，让自己产生幸福感、满足感。通过写作发现自己的更多面，我们就会逐渐忽略某一方面的满足感的缺失，重新找回快乐。

课后写作练习：写作接龙

　　这种状态已经持续两三个月了，我不知道自己为何如此焦虑，是因为工作完不成吗？还是因为孩子小升初给我带来的压力？这种负面情绪让我提不起精神，今天我要好好看看到底是怎么回事。（请接着写下去）_____

写作提示

1. 要把情绪发泄出来，文字是最安全的方式之一。
2. 发泄情绪之后，要找到产生情绪困扰的原因，这样才有可能一劳永逸地消除情绪困扰。
3. 对抗负面情绪最有效的方法不是劝自己"想开点儿"，而是真正找到背后的问题及解决的办法。
4. 心怀希望，放眼未来，才能满怀信心地克服困难。

第 七 章

生病的人需要吃药，不开心的人需要变得开心，这是人们自我救助的方式。但没有哪个商店会出售"开心"这种东西，你花多少钱也买不来"开心"。开心不会凭空产生，如果你把它弄丢了，一定要想办法把它找回来。

第七章

用写作找回开心

生活中让人不开心的事有很多,同样地,让人开心的事也有很多。开开心心是一天,愁眉苦脸也是一天。开心是一种选择,有时候我们可以选择暂时忘记烦心事,刻意训练让自己开心的能力。外面的世界很精彩,写作是一座桥梁,它可以带你去外面的精彩世界。

第一节　做生活中的有心人,发现更多乐趣

一、被催婚的小尼

小尼冲着电话大声喊道:"你们到底有完没完了,我都快被你们逼疯了!"她把电话重重地摔到床上,失声痛哭。

年关将至,其他人想的都是什么时候发年终奖,而对小尼来说,一想到又要被家人催婚,她整个人都要崩溃了。

小尼今年33岁,因为各种原因,到现在还是单身,家人自然特别

关心她的婚姻问题。

小尼也想结婚。一个人生活挺难的，连修马桶、换灯泡这种事都没人帮忙，她难道就不想找到一个可以依靠的人吗？但她身边的人，要么是胆小懦弱的小男生，要么就是花言巧语的油腻中年大叔，她多么期望能遇到一个正常的人，好好地谈一场恋爱。

可是就这样一个简单的愿望，对她来说简直是奢望，而且父母完全不能理解她的想法。父母觉得只要是个男的、能过日子就行，有什么好挑的，所以他们从一开始的催促变成后来的威胁，这一次母亲干脆直接把小尼狠狠地骂了一顿。

马上就要过年了，人家都是团圆欢乐，想想自己，小尼的眼泪又落了下来。

二、用写作转移注意力

小尼有个习惯，在心烦的时候，或者遇到解决不了的问题的时候，她会把想法写下来。这一次也不例外，她擦干眼泪，打开了电脑，在文档里写下了一行字。

今天是最不开心的一天……

她大概都能预测到接下来的内容——她会把自己跟母亲的争执重述一遍。不是她不想找对象，是真的找不到，而且自己也没办法在老家找对象，因为她没打算回老家生活，也不打算两地分居。另外，她的身体很健康，精神也没问题，只是在大城市想找个合适的人结婚真的很难。她也和家人说了无数遍，没有合适的人就继续等，着急也没有用。她会利用这段时间好好学习、好好锻炼，既然找不到更好的人,那就让自己变成更好的人。

就是这句"让自己变成更好的人"彻底引发了母女之间的战争。母亲还是老思想,她觉得小尼之所以单身,主要是因为"太优秀"。在她的观念里,太优秀的女人没人敢娶。

小尼快速地把这些事情在脑海里过了一遍,她觉得很难受。平时遇到的问题只要写出来,稍加分析就能解决,但是结婚的问题不是她想明白就能解决的,而且家人的态度实在是很强硬。现在看来,最明智的选择就是想点儿别的事,不要再去想这道没有答案的题目。

她决定换一种思维,今天不写结婚了,也不写自己了,这个世界上除了自己这点儿烦心事,难道就没有别的事情可以关注了吗?

三、生活是最棒的写作素材库

这段时间,小尼的时间和精力都被婚恋这个话题"绑架"了。她还真没想过有什么别的事情可以写。她起身去翻日历,想看看最近有什么事情可以作为写作的主题,突然,她看到日历上赫然印着两个字:立春。

"哦,原来春天已经来了,可我怎么还是觉得这么冷呢?"小尼自言自语道。她站起身走到窗前,拉开窗帘,看到小区花园里干枯的树枝上仿佛多了点儿绿色,那是嫩嫩的芽,春天好像真的已经来了。

小尼突然有了灵感,她赶紧回到电脑前,手指上下翻飞,快速写出一段略带忧伤的文字。

这是一个早春的周末,阴霾天气已经持续一两个星期了,说不上来这是阴天还是多云。虽是初春，但风已经不太寒冷，阳光努力地穿过混沌，照在刚刚发芽的树枝上。俗话说"七九河开，八九雁来"，现实虽然并不如此欢快，但看看日历，我知道春天还是来了。

这个春天的确来得很突然，或者说在小尼的印象里，这个春天还是一片空白。天气阴沉，小尼的心情和文字也有点儿阴沉。她试着回想，过去的33个春天，难道就没有什么事在她的记忆里留下过痕迹吗？

记得有一年，冬末春初，大概也是这个时候，也是这样灰蒙蒙的天气，我跟着一帮朋友去爬香山。回来的路上，我在停车场看到一个老婆婆在拉手风琴。她的脚边摆着一个小桶，很多路过的人会投一点儿零钱进去，看样子她应该是卖艺的。

小尼小时候也学过手风琴，在她的印象里，手风琴是一种非常传统的乐器。以前一台手风琴就可以撑起一台节目，甚至可以代替一个交响乐团。思绪飞得太远了，她把思绪拉回来，继续写当天的情景。

这个老婆婆就坐在那里，任人潮把她淹没。在我跟她交会的瞬间，我听到她在拉着我熟悉的旋律。我在心里应和着唱出歌词："春天在哪里呀？春天在哪里？春天在那青翠的山林里，这里有红花呀，这里有绿草，还有那会唱歌的小黄鹂……"

这首歌很多人都会唱，它的名字叫《春天在哪里》。"春天在哪里呀？春天在哪里？"小尼忍不住又在心里哼着歌词。熟悉的旋律勾起了她童年的记忆，好像也温暖了她刚刚度过寒冬的心。

老婆婆心里的春天，透过这个饱含历史感的乐器，轻轻地在公园的步道上流淌。我不知道那一刻有多少人听见了她发自内心的喜悦，仿佛春天所有的风景和色彩，都在她的周围鲜活起来。

当时一起去的几个朋友都看到了这个老婆婆，但只有小尼走过去投钱。小尼记得非常清楚，当她走近后，她才发现这个老婆婆原来是个盲人。

小尼当时提议大家多待一会儿陪陪老婆婆，但大家显然都没有耐心，而且同行的一个男士跟小尼说："这种街边卖艺的，很多都是犯罪团伙，他们故意装可怜博取同情，你千万别上当。"当时小尼就白了他一眼，她觉得这种男人真是冷血又无趣，自己就算一辈子单身也不要跟这样的人结婚。

有人说老婆婆可怜，这么冷还出来卖艺；有人说老婆婆被犯罪团伙控制了，是出来骗钱的。可在我看来，她只是在做一件很普通的事，可能这件事恰巧能感染一些与她相似的人。这个世界上有很多事是无法用语言解释的，也不是靠分析就可以得出结论的。也许就只是这一刻的感受，你懂，我懂，不用说话，我们就已经彼此了解，所以根本不用顾忌外人的评价。

当写下"不用顾忌外人的评价"这几个字的时候，小尼的心里微微一震，她知道她在说自己。她很巧妙地用文字疗愈了自己，这种感觉很舒服。

春天在哪里呀？春天在哪里？春天在一个老婆婆的手风琴里，在一些行走的心情里，在音乐里，在回忆里，在对生活的热情里，在世事洞察的智慧里，在悲天悯人的感动里……你怎么知道老婆婆看不到春天，也许她比我们每个人都看得更清楚、更真切。

写到动情处,小尼的眼眶有点儿湿润。她想到了那个卖艺的老婆婆,想到了那段欢快的音乐。她被音乐感动,被春天里焕发的生命力感动。

心中有春天的人就能看到阳光,老婆婆用音乐提醒大家春天已至。春天在哪里?春天在那青翠的山林里,春天在那湖水的倒影里,春天在那小朋友的眼睛里,春天在我们每个人渴望真诚的心田里。

写下最后一个句号,小尼感到一种彻底的解脱。是的,春天已经来了,她等的春天一定会来,不管多久,她一定能等到。

吃完午饭,小尼顺手把文章发到微博上。中午一觉醒来,她发现她收到了100多条留言和好几十封私信。

有的人夸了小尼这篇文章的文笔,"写得真好""太有感觉了""真是大才女";有的人说自己被感动了,"感谢你让我意识到春天来了""好温暖""谢谢老婆婆""正在单曲循环《春天在哪里》";还有的人表达了跟小尼一样的困惑,"羡慕你,我现在就看不到自己的春天""好想再回到童年""希望冬天赶快远离我"。

小尼一条一条地看留言,她的感觉越来越复杂。她发现,好多人跟自己一样,正纠结于某件没有答案的事而走不出来。她想告诉这些人,其实走出来的办法很简单,就是多关注外面的世界,不要把注意力都放在自己身上。

说干就干,小尼又发了第二条微博。

不知道你是否跟我一样正遭遇不开心,其实"解救"自己的办法很简单,我们只要把目光从自己身上挪开,往外看,现在就往外看。外面的世界有很多人，外面的世界真的很可爱。我打算发起一个"一件小事"写作计划，如果你也希望自己更开心，那么就一起来参与这个写作计划，写一写自己每天经历的一件小事。不管事情多小，只要它对你有意义，你都可以写。我保证你在写的过程中会感到开心，而且说不定写完之后，你的故事也能让别人开心。为何不试一试呢？

不过半天时间，小尼就收到了很多留言。有人写了收养流浪猫的故事；有人写了跟骗子周旋的故事；还有人说自己教会了母亲写作，母亲忙于写作便再也不催自己结婚了。小尼边看边笑，教母亲写作这个方法，她觉得自己也可以试试。

最有意思的是有个人说那天他也在香山，也遇到了这个老婆婆。他跟小尼一样，也被这首歌深深打动了。当时他还留了这个老婆婆的联系方式，他想帮老婆婆举办一场"春天来了"音乐会，还想请小尼跟自己一起张罗这件事。

"'春天来了'音乐会？"小尼一边想着怎么还有比自己更不靠谱的人，一边点开了这个留言者的微博。微博的头像是一个抱着小提琴的帅小伙，微博的第一篇文章竟然是《过年又要被催婚，这可怎么办才好》……

小尼把头转向窗外，傍晚，阴霾好像渐渐散去了，夕阳把天空染成了橘黄色，真的好美呀！

第二节 回忆，是带着翅膀的天使

一、错过买房时机的陈思

陈思又和老婆大吵了一架，原因特别简单：房子，房子，还是房子。

陈思想发火，又不知道冲谁发，他站在租住的小房子里，在愤怒中感到一阵彻骨的心寒。他突然使劲拽自己的头发，自言自语道："这是什么世道，真是要把人逼疯啊！"

他瞥见桌子上的笔记本电脑，想把它给摔了，要不是刚刚上网查了房价，两口子也不会有这么激烈的争吵。可这跟电脑有什么关系呢？他带着怒气坐下来，想把自己的愤怒写下来，再不发泄一下，他感觉自己就要原地爆炸了。

5年前，那会儿我刚来北京，房价是每平方米1.5万元。当时网上说这个价格不正常，要回落，我就信了，想着降到1万元以内就出手。可没见降低，反而直接涨到3万元，老婆催着赶紧买房，我想着有涨必有跌，不可能一直涨吧。再说，每平方米3万元真是买不起。现在可倒好，直接涨到了每平方米8万元，我更买不起了。

错过了买房子的时机能怪我吗？我们俩都是工薪阶层，又刚有了孩子，什么都要花钱。家里的老人虽然不需要我们贴补，但我也不忍心用他们的钱。本来想着再努努力就能买房了，可谁知道……

把这些苦水倒出来，陈思的情绪也稍微平静了一些。是的，不怪老婆着急，本来是很有可能买，后来是争取一下就能买，现在是根本买不起，这种落差放在谁身上，谁都会着急。

可是又能怎么办呢？我们都已经很努力了。我和老婆的工作虽是"旱涝保收"，但一个月就那么几千元钱。我现在每天晚上出去做代驾，满打满算一个月能多挣两千元钱，可又有什么用呢？这点儿钱根本于事无补。

写到这里，陈思重重地捶了一下桌子。他环顾四周，自己的小破出租房，真是家徒四壁，40平方米的空间挤了3个人，也真是难为一家人了。而且房东最近又要涨房租，房租涨了就更攒不下钱了。

今天房东说要涨房租，老婆就又开始抱怨，说房租比房贷还高，我们这才上网查房价，才有了后来的争吵。唉！真是一步错步步错啊！

问题没有解决，陈思更加烦躁，这些事早就想过八百遍了，为什么又非得写下来烦自己呢？陈思一气之下把刚写的东西全删了。他低下头，紧锁眉头，用力抓住自己的头发，他多么希望这一切都是梦，醒来之后可以重来。

二、回忆，找到心灵的慰藉

抬起头，陈思的目光落在桌上的相框上，那是他跟老婆在老家结婚时的照片。

其实他们在老家有一套房子，当时为了让小孩接受更好的教育，两个人才当了"北漂"，没想到北漂这么不容易。

陈思重新打开电脑，他突然有点儿感触，想写写自己的家乡。当陈思为现实感到焦躁不安的时候，写作让他变得冷静。他在第一段中这样写道：

我出生在一个不大不小的城市，这个城市地处中原，没有什么奇特的历史。在我小的时候，爸妈都很忙，白天我就待在姥姥姥爷家。

姥爷过去是个铁匠，后来开了个小店卖衣服和杂货。我每天就坐在店里的长条凳上，听来往的人讲故事，饿了就去街上买些小吃，所以我熟悉街上每一家店的小吃，困了就躺在长条凳上睡觉。

想到家乡，陈思的心变得柔软起来。家里的好吃的、家里的亲人、温暖的被窝，这一切都像潮水般涌上他的心头。

直到去外地上学之前，我都住在平房里，可以看见树、地上的蚂蚁和落叶。早晨呼呼的风可以吹进来，晚上在院子里就可以看见星星。关于平房，我印象最深的是夏天的雨，淋了雨，我就跑回家擦干身上的水躲在被窝里。这是我对家的印象，也因为是小时候的记忆，故而显得更加珍贵。

家乡没有北京这么大，但是亲切朴实。陈思想到了自己的童年，那时候家里很穷，比现在穷多了，但是那时候的人都心思单纯，生活得比较安逸。他顺着这个思路继续往下写。

我的家乡是个小城市，几条公交线路就覆盖了整个城市的主要街道。我每天步行上学，练就了好脚力，倒是长大后在陌生的城市读书、工作，反而要经常借助于公交车和地铁通勤。小时候我很羡慕骑车的同学，觉得他们特别神气。后来我也有了一辆自行车。我家离学校非常近，其实是没有必要骑车上、下学的。即便这样，我还是试着骑过一两次。放了学去车棚找到自己的自行车，加入自行车"洪流"中时，我的心里满是自豪。

写到这里，陈思觉得很恍惚，他好像暂时忘记了刚刚发生的一切，忘记了每平方米8万元的房子和马上要涨的房租。他想着索性给自己放个假，好好借助文字神游一番。

有时候我也会想，在竞争还没有这么激烈的时候，是不是人也会比较闲散。我记得那时候的百货商店大多是大理石或者水磨石的地面，亮亮的，映得出人影，但是里面没有什么人。我们经常在这些地方玩耍，顺便蹭着看看最新的但是大人不会给我们买的玩具或学习用品，比如变形金刚或者印着小虎队头像的笔记本。曾经有一段时间我还很痴迷柜台里的双节棍，发誓一定要攒钱买一副。那时候的商品总是规规矩矩地卧在柜台里，因为隔着玻璃而拒人于千里之外，小孩子也没有勇气让售货员阿姨把东西拿出来给自己看一下，只能一遍遍地装作路过的样子，偷偷瞄上一眼。

小城市里可以玩的东西很多。盖房子用的沙子堆、石子堆就是小朋友的"宝藏山"。圆的石子可以玩抓石子，有闪亮颗粒的石子可以收藏，但小朋友的收藏品一般不会超过半个月。在没有被工人过筛的沙子堆中，经常能找到贝壳，这对生活在内陆地区的孩子来说可是宝贝。即使是一块立着的木头、摆好的砖头堆也可以玩，不外乎是爬到上面，然后勇敢地跳下来，再爬上去，再跳下来，直到累得爬不动。再就是弹玻璃球、滚铁环、拍画片，这些都是户外运动，除了有点儿不卫生之外，几乎没有什么别的缺点，至少在那个玩具稀缺的年代，这种乐趣是不可代替的。

写到这里，陈思想到了自己刚满五岁的孩子。孩子跟他们挤在这间出租房里，平时除了上幼儿园和辅导班，好像真的没有什么乐趣可言。他很想陪着孩子和老婆，但每天除了忙工作，就是做代驾，陪伴家人的时间并不多。今天好不容易有了空闲，两口子还"抓紧时间"吵了一架，想到这里，陈思的心仿佛又被扎了一下。

儿子的辅导班马上就要下课了，他也要给老婆打个电话问问她去哪儿了。他想着赶紧给文章结个尾。房子买不起，一家人还是要好好的，只要一家人在一起，办法总会有的。大不了回老家，爷爷奶奶可想孙子了。

三、写作，积蓄从头再来的力量

还有一些时间，陈思想给老婆写一封信。有些话说出来太苍白，写给她或许会更好。

亲爱的老婆大人，刚刚你摔门出去之后，我又不自觉地陷入纠结，买房问题成为咱俩生活中的大难题。我知道思考这个问题只能徒增烦恼，我也根本想不出答案。

不过，我在想到底有没有比房子更重要的事。这几年我们拼命工作，我们到底收获了什么呢？我们的孩子也一天天长大，他的童年会留下什么？他会快乐吗？

我跟你说这些并不是为了逃避买房的压力，而是希望咱们能想起当时来北京的初心。当初咱们放弃家里的安逸生活，是为了趁年轻拼一把，是为了给孩子创造更好的学习和生活环境。现在看来，我们和孩子都不太开心。这不只是因为买不起房子，根本的原因是我们的工作、生活都不如预期那样顺利。

从下个月开始，我想利用业余时间投稿。我认识的一些朋友，有的运营公众号，有的写作出书，一年收入几十万元。我也想试试，写作是我的爱好，即使不能赚很多钱，也会让我开心。

还有你一直想学的手工皮具制作，想学你就去学吧，咱们也不缺那几千元钱。学完之后，如果你愿意成立一个工作室我也支持你。一辈子很短，我们应该为自己做点儿事，不是吗？如果牺牲一辈子的快乐、幸福只能换回一套房，到老了，我们一定会觉得不值。

至于孩子，他对现在上的辅导班没啥兴趣。我看过他写的作文，他随我，文笔不错，也爱写作。如果你同意，我就多教教他写作，让他把这个爱好变成一个特长，未来应该有挺多机会的。

老婆，房子的事你就别发愁了，我们尽力。买不起大的咱就买小的，再不行咱们就买郊区的。房子不就是一个窝吗？想想咱们小时候，家里的房子多简陋，连这个出租屋都不如，可三代人挤在一起，不也挺好的吗？咱们也并不是没有退路。我朋友老李，在老家开办了一所培训学校，他一直想让我回去当副校长，年薪30万元，这比在北京都高。老家的房价每平方米才6000元，咱们回去就能买别墅了。我也想通了，现在各地都有很多机会，我们不一定非得把自己拴在北京，你说是吗？

随信附上咱们在老家结婚时的照片，你还记得那时候吗？咱们这周末带着孩子回去一趟吧，带他走走那些老街，看看那些还没拆的老房子，吃一吃咱们那里的特色小吃……在外地咱们是一叶浮萍，在老家，咱们可是根深叶茂的大树啊！

写完信，陈思特意找了个打印店把信打印出来，他把信连着照片塞在一个信封里，他要给老婆一个惊喜。

生活本来就不容易，更可怕的是两个人互相折磨。陈思是一家之主，更要肩负起调节家庭氛围的责任，他要带头把这个家经营得越来越好。陈思想到一个好方法——以后每周给自己写一封信，用美好的回忆给自己打气；然后每周给老婆也写一封信，用自己擅长的文字给她一点儿温暖和感动。

划重点
只有珍惜过往,才能活在当下

陈思错过了买房的好时机,现在再想买,已经买不起了。如果他一直纠结于这个问题,只能陷入"死循环"。他和他的老婆因为买房子的事情反复争吵,这会给他们带来更大的压力,也会给他们带来更多的苦恼。

其实,生活远不止买房子这一件事。陈思想到了自己的童年,想到了以前无忧无虑的时光。想这些看似对买房子没有什么帮助,但陈思借由文字思考了生活的意义。如果只是想要过更好的生活,他应该做的是利用好现有条件、活在当下。敢问路在何方?路在脚下。

写作疗愈练习22

回忆童年

每个人都有自己的童年生活，不管是开心的、不开心的，还是顺利的、艰难的，它都是你成长路上的宝贵经历。请以"我的小时候"为题写一篇文章，回忆一下自己的童年，看看时隔这么多年再去看它会有什么不同的感受。

写作创可贴

1. 不要去想你正在面对的问题，完全放松下来，写作可以让你忘掉烦恼。
2. 通过回忆，把过去的经历写下来，越详细越好。
3. 在写作的过程中代入自己遇到的问题，看看有没有解决的办法。

第三节　展开想象，赋予虚构的人物生命

一、抓住一切机会写作的宇飞

怎样才能改变这种一眼看得到头的生活？

宇飞坐在办公桌前，厌烦地把几份文件丢开。这会儿是午休时间，他却因为烦躁而无心休息。他打开文档，习惯性地用文字问了自己一个问题。

来到这家单位五年了，他依然做着和五年前一样的工作，工资涨了几百元，但晋升却遥遥无期。幸好他还有写作这个爱好，无论是快乐还是伤心，宇飞都会抓住一切机会在文字里诉说心里话。

每天都重复做同样的事情，朝九晚五，工资不会有太大的变化，职位不会有太明显的变动，每天就像混日子一样。我才30岁，难道就要在这里等待退休吗？

写到这里，他抬头看了看对面的张阿姨。张阿姨明年就要退休了，她在这个单位工作了30年，退休时的工资不比自己现在高多少。但张阿姨无所谓，她觉得有份工作做就挺好。张阿姨和宇飞说得最多的话就是："这工作啊，做什么不是做，有钱拿，有饭吃就行了。"

宇飞本想和张阿姨聊一聊，想想还是算了，他又低头继续写。

看到张阿姨的状态，我仿佛看到了我的未来，几十年弹指一挥间，就像从来没有来过这个世界一样。不，这不是我想要的。在学生时代，我也梦想过以后有一番作为，赚到可以改变我人生的钱，去我

无比渴望去的地方看看。没想到才5年的时间，我的热情和梦想就被磨没了。

5年来，我的工资仅能维持自己每月的生活，很难有太多的存款。甚至现在我结了婚，有了宝宝，时不时还需要长辈的接济。这几年为了省钱，连旅行的想法都被自己否定了。

如果事业上能够有所期待，那现在的状态也并不是不能接受。但是很显然，在这样的单位，想晋升并没有那么简单。也许……

宇飞想到了但不敢写出来——也许他会和张阿姨走一模一样的路。

未来基本上已经定型了，我现在到底应该怎么办？

宇飞又问了自己一个问题，这个问题和第一个问题一样，让他不知如何回答。

二、写故事，写下的是对自己的期待

一时想不出答案的宇飞，失落地关掉文档。他打开了另一个文件夹，那里面存放着这些年来他写过的小说。宇飞喜欢写故事，特别是虚构的冒险故事。

昨天有一个故事还未完成，宇飞打开文档，接着昨天的情节继续构思。写故事能让他暂时忘掉烦恼。

阿立为了帮助他深爱的魔兔找到返回家族的彩石，毅然决然地走出生活了20年的村庄，顺着魔兔手指的方向，去帮她找寻彩石的下落。

可没想到，迈出村庄的第一步就是巨大的挑战。因为魔兔指示的方向是村庄的东北方，那是一片禁地。从记事起，他就被反复告诫，那个方向绝对不能去。他从来不知道那里有什么。但这一次，阿立管不了那么多了，因为如果找不到彩石，不能帮助魔兔返回家族，魔兔的灵魂就会渐渐消散，她就永远也回不来了。

这一刻，宇飞完全融入了这个虚构的故事，他的脑海里浮现清晰的画面，好像这个村庄真的就是他曾经去过的一个地方，而主人公阿立就像动画片里的人物一样栩栩如生。他不敢停下，接着往下写。

阿立对自己说："亲爱的阿立，你在这里生活了20年，从未看过外面的一草一木，现在你肩负使命，不能不迈出这一步。如果不去，你可能会平安地生活下去，但是你的心会随着魔兔的消失而沉寂。如果你去，即便前面是魔鬼的世界，你再也无法回来，你也不会有遗憾。"

几天之后，阿立来到了那一片禁地。黑压压的森林中，无数棵需几人合抱的大树相互纠缠，分不清彼此。往森林深处望去，一片黑色的雾气显得十分诡异。阿立深吸一口气，坚定地朝着那未知的方向走去，在他的身后，那个宁静祥和的小村庄，仿佛在对他说："阿立，你一定会成功的。"

写出这最后一句，宇飞突然有点儿浑身触电的感觉。他创造了阿立这个人物，本来以为只是胡乱编一个故事，但写着写着，他发现自己"入戏"了……

三、写别人，代入的是自己的生活

宇飞知道，虽然他写的是童话故事，但其实故事里处处都有自己的影子。阿立所面临的困境跟自己现在的处境类似，而阿立的选择其实也代表了自己心里真实的想法，只不过在现实中他很迷茫，而在故事里，他可以轻易地帮主人公做出关乎命运的选择。

彩石被封印在恶魔的城堡里，那里戒备森严，以阿立现在的能力，他绝对不可能闯进去。怎么办呢？他首先想到的是能不能找外援。阿立的爸爸是个魔法师，他施展魔法可以让阿立隐身5分钟。但阿立很快否定了这个方法。第一，自己已经是大人了，应该自己解决问题，不能靠家人；第二，5分钟连第一道门都过不了，意义并不大。

阿立自己有个工具口袋，里面有他这些年来收藏的宝贝，如披上就能飞的斗篷、能发射子弹的烟嘴、看穿墙壁的眼镜、能快速长高的机器树苗……阿立把工具口袋翻了个遍，他发现这些玩意儿虽然神奇，但是好像都派不上用场。

最后，他把目光落在自己的一双手套上，这是一双普通的毛线手套，是妈妈给织的。因为阿立喜欢爬树，妈妈织的这双手套他就一直戴着，都已经磨旧了。这双手套让阿立想起自己的一个本领——爬树和荡树藤。几十米高的大树，他"蹭蹭蹭"一会儿就能爬上去。

恶魔担心别人闯进来，所以城堡的底层应该是守卫最多的地方。"如果我能爬到城堡的顶端，从上面进入城堡，应该就会容易很多。"阿立边想边打开机器树苗，将它设定为城堡的高度，只用了一分钟，树苗就长得跟城堡一样高了。他几乎毫不费力地爬了上去。真是天赐良机，彩石居然就放在城堡顶端的亭子里，而且无人看管。

阿立大喜过望，抓着彩石就想走，谁知彩石下面连着机关，他刚把手伸过去，一张大网就从天而降，而且整座城堡警铃大作。怎么办？情况万分紧急，恶魔和底层的守卫就要冲上来了。可此时阿立仍被裹在一张大网里，完全无法动弹。

写到这里，宇飞有点儿写不下去了，他又从虚构的世界回到了现实中，他现在也时常有被大网困住的感觉，而且生活的压力就像恶魔一样经常来围困他。一边是要冲上来的恶魔，另一边是比山还高的城堡围墙，他到底要何去何从呢？

正在思考怎么写下去时，前台小李递过来一张汇款单，"我说大作家，又有稿费啊，可要请客啊！"小李的声音把宇飞从沉思中拉了回来。

原来是宇飞之前写的一篇文章被录用了，这是杂志社寄来的稿费汇款单，一共400多元，这是宇飞这个月收到的第五张汇款单了。

"当然，马上就买糖请大家吃。"宇飞满脸堆笑地回应着。

有稿费是好事，这个月孩子的奶粉钱又有了。

被围困，被围困……

宇飞还在想故事里的情节，他的目光恰好落在了汇款单上：464.5元。真是有意思，稿费还有零有整的，这家杂志社计算得够细致的。

"计算得细致"，宇飞突然有了灵感，他赶紧接着写下去。

大网缓缓地向上收拢，阿立这才发现，原来吊住他的也是一棵机器树苗。树苗的末端吊着大网，而自己就被困在大网里。

每棵机器树苗都有一个最大承载值，只要超过这个承载值，机器树苗就会被损坏。阿立摸出口袋里的自重器，这个小东西可以在一瞬间增加数千吨的重量。果不其然，阿立刚一启动自重器，机器树苗就"咔嚓"一声断了，大网打开了。

阿立扔掉自重器，飞快地来到围墙边，发现自己的机器树苗还安稳地立在那里。他朝着城堡挥挥手。挥手的时候，才发现自己的手套被大网划破了。现在也管不了那么多了，要赶紧回去救魔兔，一刻也不能等。

这一小节的故事终于可以告一段落，宇飞稍微喘了口气。

写作真是一件很有趣的事，它让宇飞几乎忘记了时间，而且虽然他只是坐着安静地打字，但他的内心就像坐了一趟过山车，经历了一场无声的冒险。

宇飞再次拿起那张汇款单，他要感谢它，是它给了自己灵感。他端详着这张单子，以前他都是匆匆取钱，从来没有认真看过。"汇款单位：大众杂志社。汇款金额：464.5元。汇款用途：稿费……"

"也许，也许写作就是我的神奇手套。"写作是宇飞最拿得出手的技能，也是他最爱的事。故事里的手套能帮阿立化险为夷，而写作这项本事也许能带宇飞走出困境。宇飞看了看手表，还有一个多小时才上班，他再次打开文档，他要继续写下去。上一节故事留下了一个伏笔，那双陪伴阿立多年的手套破了，这意味着什么呢？而对宇飞自己来说，写作又将如何帮他走出困境呢？

手套破了的地方，阿立的手开始流血。刚刚太危险了，阿立都没有感觉到自己的手被划破了……

中午的阳光正暖，办公室里特别安静，只有宇飞噼里啪啦地敲击键盘的清脆响声。

划重点　虚构一个跟自己有关的故事

心理学中有个词是"投射"，是个体依据其需要、情绪的主观指向，将自己的特征转移到他人身上的现象。如故事里的宇飞，他把自己的困境投射到自己创作的人物身上，通过作品中的人物去思考解决问题的办法，并最终找到出路。

小说创作对宇飞来说有着神奇的疗愈效果。一方面，小说创作需要集中注意力，这在一定程度上缓解了宇飞的焦虑情绪；另一方面，宇飞把自己遇到的情况巧妙地植入故事，在故事中宣泄情绪、寻找解决方法，这些都是积极有效的做法。

写作疗愈练习23

续写宇飞没有完成的故事

　　请你接着本节中的故事写下去，可以继续写阿立的故事，也可以创造一个新的人物，把自己投射到这个故事里，试着在故事中解决你自己的问题。

　　手套破了的地方，阿立的手开始流血，刚刚太危险了，阿立都没有感觉到自己的手被划破了……（请接着写下去）

_____

_____

写作创可贴

1. 写一个虚构的故事，把自己和自己的生活投射进故事情节中。
2. 在故事中设计一个人物，让他成为自己的化身。
3. 让这个人物经历你所经历的困难和痛苦。
4. 在虚构的情境里，给这个人物设置各种应对办法，看看这些应对办法能否帮你走出困境。

第四节　别人的故事里，满满的都是自己的影子

一、有酒有故事的琼花

琼花是个小说迷，她几乎把所有的业余时间都用来读小说了。爱情小说、悬疑小说、历史故事……只要是优秀的作品，琼花就来者不拒。

但最近有一本小说，让琼花看得心里很堵，因为这是一个悲剧。小说的主人公是一个并不幸福的女人，她为了面子、孩子、金钱等，勉为其难地和自己的丈夫将就着过了一生。

在琼花看来，这个女人太傻，在婚姻期内，她既没有得到爱也没有守住自我。这个故事让琼花想起了自己的上一段婚姻。在那段婚姻里，她和这个女人的境遇几乎一模一样，但她勇敢地走了出来。不过最近父母总是在做她的工作，要她为了孩子考虑复婚。琼花心里很抵触，但她也没有明确拒绝父母，思前想后一番，她还是不知道该怎么选择。

"总之，不能和小说里的这个女人一样，这样的一生完全没有意义。"想到这里，琼花决定改写这个故事，让它成为一个让自己满意的故事。

说写就写，虽然已经很晚了，但是琼花仍兴趣盎然。她找来一瓶清酒，在桌子上摆上零食，然后打开电脑，开始写自己心中的故事。

二、故事接龙，随心出发

张敏带着孩子从家里逃了出来，那个房间的氛围太压抑了，让她

几乎无法呼吸。

接着小说的开头，琼花写下了一个全新的故事。

张敏的丈夫因为工作不顺利，又将怨气撒在她和孩子身上，这一次张敏决心逃离。

可是去哪里呢？冲动过后，走在街上的张敏开始认真地思考未来。

随着内心的期待，琼花和张敏一起思考着，她接着写。

天气很冷，张敏紧了紧孩子和自己的衣服。冷风吹来，她很想回到温暖的家中，但是她克制住了自己。抬头望去，街边还有一家饮品店开着门。张敏略一思索，便带着孩子走了进去。

坐在里面，点了两杯热饮，张敏给好朋友奇奇打了一个电话，希望她可以收留自己一个晚上。没过多久，奇奇就开着车来接她了。张敏很感动，在最艰难的时候，还有这样一个好朋友能时刻陪在自己的身边。

后面的故事怎么展开呢？琼花想给张敏一点儿勇气，她继续写道：

张敏在奇奇家待了五天，五天里她没接到丈夫的一个电话。张敏从伤心到失望，再到接受和坦然，最后她终于下定决心，一定要结束这段毫无意义的婚姻。张敏主动给丈夫打电话商谈离婚的事，可电话那头的声音含糊不清。原来丈夫这几天依然在酗酒，即便她和孩子都离家出走了，他也无所谓。这一刻，张敏彻底死心了，这场离婚战，她无论如何都要打赢。

离了婚，孩子怎么办？故事写到这儿，琼花想到了自己的孩子，她感觉心脏被狠狠地揪了一下。琼花心想，她一定要为张敏安排一个更丰富的人生。

三、设置情节，安排别人的人生

喝下一口清酒，冰凉的液体顺着食道滑下去，琼花感觉自己的思路更清晰了。她要为张敏设置一个美好的结局。她从头到尾梳理了一下故事的情节，仿佛在梳理自己的人生。她继续写下去。

这场离婚拉锯战持续了几个月，最终以张敏胜利告终。家里的每个亲人都劝说张敏放弃孩子的抚养权，这样她将来也好再嫁。但张敏依然选择将孩子带在身边，她不能看着自己疼爱的孩子与一个酗酒的父亲生活在一起。孩子很懂事，也知道体谅妈妈。在这场抚养权争夺战中，孩子无疑是最大的受害者。张敏希望可以在未来一点一点地补偿孩子。

离开了丈夫，失去了一部分经济来源，张敏辞掉了之前的工作，在奇奇的帮助下，她用这几年的积蓄开了一家便利店。为了方便照看孩子，她把孩子转到了离自己的店较近的学校，每天亲自接送，用一切空余时间陪伴孩子，好让孩子时刻都能感受到爱的温暖。

日子就这样波澜不惊地过着。凭着热情的服务和实惠的价格，张敏的便利店生意越来越红火，仅仅两年时间，她已经开了三家分店了，她的收入也越来越多。对孩子的亏欠，张敏始终在尽力弥补。这两年她带着孩子去了很多地方旅行，为他挑选他喜欢的书籍，带他去学习他喜欢的乐器，陪着他参加他擅长的体育比赛。

孩子对张敏说得最多的一句话就是"妈妈，我爱你！"。张敏很庆幸自己把孩子带走了，之前一个人带孩子虽然辛苦，但是熬出头就好，不然让他跟着父亲，孩子的一生就完了。

写到这儿，琼花的眼泪夺眶而出。她想到自己当初离婚时，因为缺乏对生活的勇气，直接放弃了孩子的抚养权。这些年来，孩子缺失母爱，没有完整的童年，这成为她心中最大的痛。

擦干眼泪，琼花心里稍微平静了一点儿，她知道应该怎么做了。除了走复婚这条路，她还有很多种方式让孩子感受到爱。从今天开始，她要努力奋斗，给孩子做出榜样，也让自己拥有足够的能力来弥补遗憾。

随着时间一分一秒地过去，琼花笔下的故事也接近尾声。主人公张敏的生活越变越好，但在琼花心里还有一个顾虑，想来想去，她还是把这个顾虑写了下来。

酗酒的前夫在一天黄昏时闯进了张敏的便利店，那个时候张敏正准备去学校接孩子。虽然这几年张敏独立又能干，但在看到前夫的那一刻，她还是不由地战栗起来。

"你来做什么？"张敏壮着胆子对前夫说。她边想边从口袋里摸出手机，想着如果对方动手，她就直接报警。可前夫的回答让她很意外。

原来最近前夫穷困潦倒，他听说张敏发展得不错，就找了过来，希望张敏可以接济一下他。在张敏的便利店里，前夫痛哭流涕地忏悔，就差下跪了。

"如果我是张敏，我要不要帮助前夫？"琼花抛出了一个问题，既是问张敏，也是问自己。她再次想起自己在上一段婚姻里那些不开心的日子,她很想在故事中让张敏冷酷地拒绝前夫,再将他扫地出门,让他永远也不要出现在自己面前。这种结尾会让琼花感到很痛快。

可落笔前,琼花犹豫了,她知道这样的报复很完美,但她也知道,这是自己的不甘和痛恨在作祟。最终,她还是改了结尾。

张敏看着前夫涕泪交加的样子,一阵恍惚,自己当初怎么会嫁给这样一个人?但最终,她还是给了他2000元,并告诉他,如果今后他不能振作起来,仍是酗酒的话,那这就是她最后一次帮助他,以后他们就两清了。若他还来骚扰,她会选择报警。如果这2000元能帮助他渡过困境、从此奋发图强,不再酗酒,努力工作,那她会再考虑跟他的关系。

晚上,张敏郑重地和孩子说起这件事,孩子听了后,用力地抱了抱她,对她说:"妈妈,你真的很伟大。"

天空已经泛起了鱼肚白,琼花看着自己写下的结尾,内心渐渐释然了。依靠自己的能力给予自己和孩子更好的生活,这和复婚与否本就没有什么关系。她现在要做的是一个对自己、对孩子都好的选择,而不是任由心中残存的怨念来支配自己。

新的一天已经开始,琼花举杯喝下最后一口酒,扬起头的那一瞬间,琼花觉得自己从来没有这么潇洒过。

划重点 用别人的故事，解决自己的问题

琼花改写了这个故事，也给故事里的女人重新安排了人生。看起来，这只是一个写作接龙的游戏。实际上，琼花在别人的故事里看到了自己，也找到了自己所面临的问题的答案。

为什么自己的事要通过别人的故事来映射？因为当局者迷，自己看自己所面临的问题的时候，总是会被很多主观因素影响。所以，先去解决别人的问题，再用别人的问题的答案来指导自己的生活，这也不失为一个好办法。

写作疗愈练习24

续写张敏的故事

如果请你来写文中张敏的故事,你会怎么写?如何在故事中融入自己的价值观和人生选择?

张敏带着孩子从家里逃了出来,那个房间的氛围太压抑了,让她几乎无法呼吸。(请接着写下去)

_____

_____

写作创可贴

1. 写故事的时候可以天马行空地想象,在合理的范围内,你可以随意安排人物的命运。
2. 故事没有对错之分,你对人物命运的安排,其实就是自己内心想法的投射。
3. 在写的过程中问问自己,为什么会这样安排,这个情节是否也反映了你的潜意识。

疗愈加油站

由外向内，再由内向外

写作疗愈

用写作赶走焦虑、拖延症、坏情绪

心理学小课堂

一、警惕情绪"死胡同"

前面讲到了负面情绪，一般来说，负面情绪是可以自我调节的。找到解决问题的办法，对症下药，负面情绪就可以得到缓解。但有一种情况例外，那就是我们俗称的"钻牛角尖"，心理学将其解释为情绪调节的"死机状态"。如果陷入一个问题里出不来，或者只愿意从某一个角度理解这个问题，那么人就会一直处于负面情绪中无法自拔，也就是说，常规的自我调节功能就会失灵。

二、转个弯，走出来

前面介绍的写作疗愈方法主要是"向内看"——通过挖掘内在想法来改变现状。而本章介绍的写作疗愈方法是"向外看"——当遇到看起来无法解决的问题时，要把注意力放到外部事物上，通过回忆、虚构故事等方法转移注意力，同时借助主观意识的协调作用来缓解负面情绪。

"向外看"有四种方法，分别是注意力转移法、回忆接纳法、人格代入法和虚构建设法。

（1）注意力转移法。注意力转移法是指把注意力从使个体产生负面情绪的活动或事物上转移到能使个体产生正面情绪的活动或事物上来。通过转移注意力，个体能减少沉溺于负面情绪的频次和时长,重拾信心和幸福感。

（2）回忆接纳法。每个人都不是十全十美的,生活也不可能一帆风顺,遇到问题的时候,大部分人的第一反应是逃避和自我否定,这很容易引发负面情绪。用写作进行回忆,找到曾经的温暖和自我肯定的力量,这会让人获得面对现实的勇气。

（3）人格代入法。我们时常因为一些故事而产生强烈的共鸣,那是因为我们将自己主动代入了他人的故事。这种行为承载着个体的希望。用写作把自己代入某个故事,用他人的反应来指导自己的行为,并通过自我暗示对自己进行鼓励,个体可以恢复行动力。

（4）虚构建设法。个体虚构的故事中往往蕴藏着其个人价值观,隐含着个体的期待。通过虚构故事,个体可以将自己融入设计的情节之中,引发自己对现实问题的思考。在情节的设置上,个体可以通过安排主人公的命运,为他寻找出路,达到由外向内地转变想法,解决自身问题的目的。

课后写作练习：写作接龙

大刘焦虑不安,连续三个跌停,他的股票已经完蛋了。不过现在的问题是,如果今天股价再下跌,他把所有的钱赔进去都不够,他还会破产,而且屋漏偏逢连夜雨,他的孩子也病了……

（请接着写下去）_____

写作提示

1. 不用刻意想着自己的问题，潜意识会把你的问题跟故事内容自然地联系起来。
2. 尽可能让故事中的人物做出积极的选择。
3. 写完之后，想想这个故事跟自己的联系。

写作魔法盒

100个写作疗愈锦囊

看完这二十几个故事,不知道你是否会有所触动?阅读别人的故事其实也是一种疗愈,当我们相信很多人的处境跟我们一样时,我们才不会觉得自己是座"孤岛"。

不过更有效的方法还是自己动手写,亲身经历写作疗愈的过程,真正写出自己的困惑,从而解决自己的问题。

下面这个"写作魔法盒"中有100个写作疗愈锦囊,它是给愿意行动的人准备的。如果你恰好遇到了一些问题,或者迫切需要进行写作疗愈,那么你可以随意写下1~100的任何一个数字,然后在下面的"写作魔法盒"中找到这个数字对应的锦囊,打开它,开始写。你不需要考虑自己能写多少个字,也不需要考虑文笔是否优美,你只需要把自己想到的全部写下来,也许奇迹就会发生……

1. 写写你的好朋友,最好是那个很久不联系、停留在你的记忆深处的朋友。
2. 写写小时候的二三事。
3. 写写最让你感到开心的三件事,越具体越好。
4. 记一次开心的旅行。
5. 说说你最近刚看完的一本书,介绍一下这本书中令你印象深刻的内容。

6. 说说你看过的最好看的一部电影。
7. 说说这个月你最想吐槽的一件事。
8. 谁伤害你最深？说说这个故事，看看你能否原谅他（她）。
9. 写一封信给你的父母，只管写，不用想着寄出去。
10. 以"我的生活有什么问题吗？"为题写一篇文章。
11. 写下你儿时的理想，再写一下现在这个理想是否实现了。
12. 如果让你介绍你的家乡，你会怎么写？请以"我的家乡"为题写一篇文章。
13. 以"那一次我是真的怕了"为题写一篇文章。
14. 给你看过的一部电视剧重新设置一套情节，在里面加入你自己的经历。
15. 以"你真的想清楚了吗？"为题写一篇文章。
16. 你的理想生活是什么样的？请把它写下来，尽可能描述得详细一点儿。
17. 假如你明天就要离开这个世界了，写一写接下来的24小时你会做什么。
18. 你人生最成功的一次经历是什么？请把它写下来。
19. 虚构一个童话故事，可以天马行空地想象。
20. 描述一段梦境，想一想你为什么会做这样的梦。
21. 如果可以选择，你这辈子最想做的工作是什么？请详细说说这份工作。
22. 假如今天你跟自己最喜欢的电影中的角色结婚了，请想象一下你们的生活会是什么样的。
23. 假如现在有一台时光机器，它能让时间倒流，你希望用它做什么？
24. 假设现在你来到了20年之后，遇到了20年后的自己，你想对自己说些什么？

25. 写一件让你思考良久的小事。
26. 仔细观察你身边的一种动物，如一只蚂蚁、一条狗等，写写它的样子。
27. 闭上眼睛5分钟，请把你在这期间听到的声音全部写下来。
28. 长这么大，最让你感动的一幕是什么？请把它写下来。
29. 安静地坐下来，闭上眼睛，3分钟后睁开眼，把这3分钟内脑海里闪过的念头全都记录下来。
30. 你吃过最好吃的一顿饭是什么？能把它写下来吗？
31. 有什么故事一直埋藏在你的心底，你从来没有跟人说过？请把它写下来，放在一个只有你能找到的地方。
32. 今年你想要达成哪些愿望？请把你最想实现的五个愿望写出来。
33. 给未来的自己写一封信。
34. 给十年前的自己写一封信。
35. 给自己的孩子或者将来的孩子写一封信，让他（她）在15岁的时候再打开看。
36. 给自己的另一半或者将来的另一半写一封信。
37. 写一份自我介绍，内容包括自己的性格、兴趣、爱好和特长。
38. 记录自己的一次冒险经历，以及这次经历对你的影响。
39. 生命中有没有某个瞬间让你突然发生改变？想一想，把它写下来。
40. 记录一件你最后悔的事。
41. 假设你现在在火车上，对面坐着一个漂亮的异性。请构思一段故事，想想接下来会发生什么。
42. 如果你现在突然有了60天的假期，你会怎样度过？规划一下并将它写下来。
43. 如果你现在中了5000万元的大奖，你会怎么花这笔钱？
44. 如果你被星探发现了，星探请你去拍戏，请想象一下接下来的故事。

45. 自己给自己讲五个笑话，并把它们写下来。
46. 把你最近想要抱怨的事写下来，看看有没有解决的办法。
47. 以"你到底想要什么？"为题写一篇文章。
48. 假设你现在在读大学，你要跟你的同学分享一个你成长过程中的故事，请把它写下来。
49. 如果你可以实现三个愿望，你希望是哪三个愿望？
50. 写一篇文章，把你之前的人生概括一下。
51. 写一篇日记，记录一下今天的经历。
52. 如果现在你可以搬去任何一个地方生活，请想象并描述一下你搬家后的生活。
53. 如果现在让你来策划你未来的婚礼（或者重新举办婚礼），你会怎么安排？
54. 你一定遇到过很多让你讨厌的人，挑一个最讨厌的人，试着在他（她）身上找到三个优点。
55. 写出三个老朋友的名字，说说他们的故事以及他们对你的影响。
56. 在过去的一年中，你做过最明智的事是什么？为什么？
57. 你最喜欢的一首歌或者一首曲子是什么？它让你想到了什么？
58. 如果这是你写的最后一篇文章，你会写些什么？
59. 在你过去的经历中，最令你尴尬的一件事是什么？
60. 如果你现在可以领养一只宠物，你希望是什么动物？为什么？
61. 盯着镜子中的自己看一分钟，你想到了什么？你想说什么？
62. 对你影响最深的一本书是什么？
63. 有没有哪一次旅行让你终身难忘？
64. 想一下现在你最应该做的十件事，并把它们写下来。

65. 想一想自己的钱都花在了什么地方，自己给自己做一个财务分析报表并把它用文字描述出来。
66. 如果要总结五条人生经验，你会如何总结？
67. 说说你每天的时间安排，你喜欢这样的安排吗？
68. 你的微信朋友圈里都是什么样的信息？你每次看完有何感受？
69. 你经常做的梦是什么样子的？这个梦试图告诉你什么？
70. 如果现在有个外星人来到你家，你会怎么跟他介绍地球和你周围的一切？
71. 如果人生可以重来一次，你会怎么过？
72. 20年后，你和你的高中同学聚会，想象一下那时候的场面。
73. 假如你被施了魔法变成了一只猫，想象一下你将要面对的世界。
74. 以"生命中最难忘的时刻"为题写一篇文章。
75. 以"没有过不去的坎"为题写一篇文章。
76. 以"选择"为题写一篇文章，想想这些年来的哪些选择对你有什么样的启发。
77. 你怎么理解疗愈？你知道哪些有疗愈效果的方法？
78. 什么能让你的心情一秒钟内变好？好吃的？有很多钱？还是一个超长的假期？
79. 哪件事当时让你很纠结，现在想想很可笑？把它写下来。
80. 小时候你有什么梦想？现在实现了吗？你会觉得当时的梦想完全不切实际吗？
81. 每年的哪个日子对你而言特别重要？为什么？
82. 如果可以随便选一个地方定居，你希望是哪里？
83. 那些让你不开心的事，你自己负有责任吗？找一件出来分析一下。
84. 如果你穿越到了唐朝，你会经历什么？请发挥你的想象力，写一篇文章。

85. 如果现在你是一个人生活，你会怎样规划你的生活？

86. 假如现在你被安排在某个无人区待一年，你打算做什么？

87. 假如现在你有机会去哈佛大学进修一年，想象一下你在哈佛大学的生活。

88. 今天早晨起来，你发现自己跟最喜欢的人互换了身体和身份，想象一下之后你会遇到什么事。

89. 假设你的父母说你现在不务正业，你准备怎么跟他们解释你现在在做的事？

90. 你希望你的孩子是个什么样的人？他（她）要具备什么样的品质？

91. 有没有哪次比赛或考试给你留下了深刻的印象？为什么？

92. 你在公共场合最丢脸的一次经历是什么？把它写下来。你现在可以放下这件事了吗？

93. 如果现在你站在自己的对面，你会跟自己说什么？

94. 如果现在让你写一本书，你最想写什么内容？说说你的构思。

95. 你认为的最理想的生活状态是什么样的？请描述一下。

96. 有没有哪位名人的婚姻生活是你非常羡慕的？写写他们的婚姻故事。

97. 记录一次你发脾气的过程，描写得越详细越好。

98. 假设你是地球上的最后一个人，这时候，一阵敲门声响起……（请接着写下去）

99. 你有梦想吗？请描述它。

100. 如果让你做一天心理医生，设想一下你会听到的故事。

写作疗愈是一种自由的写作方式，所以你不用担心别人怎么看你写的内容，写就好了。另外，不要把上面的题目当作问题，而要当成启发你思考的锦囊。你只有想得越多，才能写得越多。不过，写得多并不是唯一目的，把事情想明白、让自己得到疗愈才是最终目的。

后记

写作疗愈之旅，
你自己就是那个摆渡人

生活中，总有些意想不到的收获，比如我明明什么都没做，别人却一封接一封地发来感谢信，感谢我成为他（她）生命中的贵人，让他（她）的人生发生重大改变，重新焕发活力。

大部分时候，我都怀疑这些信是不是写错了收件人，我跟这些人素昧平生、交集不多，我不过是让他们拿起笔开始写东西，而且我从来没有教别人写过"感谢信"这种文体，我只是让大家去感知自己的情绪，去发现身边值得记录的人和事，然后把它们写下来，仅此而已。

在过去的一年里，我最勤劳的学员写下了50多万字的内容，而大部分学员也都写了10万字以上。我的本意是希望大家把写作当成一种爱好或者有利于自己工作、生活的工具。但超出我预期的是，大家不但写作能力提升了，而且很多人的生活也发生了变化。

有个学员病愈后患上了轻度焦虑症，她本着给自己找点儿事做的目的来学习写作。她的想法很单纯，希望做点儿让自己感兴趣的事，也许这样就能改变自己萎靡的状态。就这样，写作进入了她的生活，本来以为是负担的写作，却变成了她根本停不下来的爱好。一年多时间，她读了20多本书，写下了28万字。因为写作，她结交了新的朋友，也获得了更多的认可。写作上的突破还激励她"解锁"了更多新技能——她学会了做健康餐，学会了游泳，健身颇有成效。一年后的今天，她受到邀请，要站在上海的某个舞台上跟台下的几千人分享写作带给她的改变。这个光彩夺目的她跟一年前的她判若两人。

还有个学员，是一位全职妈妈，她被孩子和家庭关系压得喘不过气来。孩子不听话，老公不理解她，自己没有方向，她感觉每天都过得浑浑噩噩的。她的本意是先找个地方散散心，然后离婚，所以她从开始写作训练的第一天起，就只写一类文章，她称之为"心情日记"。吐槽了几十天之后，她的心情似乎好了一些，她开始用文字分析自己跟老公的关系——她发现原来老公并没有那么糟糕，原来自己也没有那么好。写到后来，她说她不想离婚了，她要好好跟老公谈一谈。后来，她给我寄来感谢信，说我挽救了她的婚姻和家庭，她要继续和她老公好好地过下去。

这样的例子还有很多，比如压抑的公司白领、整天操劳的全职妈妈、初入职场的大学生、以为自己已经"尘埃落定"的中年人，写作帮他们打开了一扇窗。窗户打开了，阳光透进来，刺眼的光线让他们觉得炫目，也让他们第一次有机会认真地看看自己的样子，也看看自己所处的真实环境。

我不是心理医生，也不是电台里的"知心大哥"，所以我从来不随意给别人提建议。对所有到我这儿来学习的人，我只有一个处方，那就是写作——用写作跟自己对话，用写作疗愈自己。我相信，解铃还须系铃人，能解决个人问题的只有每个人自己。

我把这种因内心反省而产生的智慧叫作"内生智慧"。一个人天生就具备这样的自愈能力——人会给自己带来压力，也能靠自己找到"解药"。所有外部的帮助都只能起到辅助作用，最终击退"妖魔鬼怪"的，只能是由内生智慧带领的自己。

我发现写作正是达成这一目标的简单方法。当你坐下来写的时候，你的世界没有别人，只有你自己。写作是少有的靠自己就能完成的事，别人帮不了你，其实你也无须别人的帮助。

写作是一个能帮助你快速进入专注状态的方法。你没办法一边看电视一边写作，没办法一边玩手机一边写作，至少在写作的当下，你必须全神贯注。只有专注，你才能打开跟内心对话的大门。在这一刻，外界的纷扰都与你无关。

当你真正安静下来，当你开始把握当下，内生智慧就源源不断地产生了——它帮助你梳理杂乱如麻的思想；帮助你暂时远离世俗的偏见；帮助你打破教条和常规。当你开始写作的时候，你的潜意识就会重新整理杂乱的念头，你的思维再次变得清晰，你的情绪变得稳定，你的幸福感再次涌现……

简单来说，你无法控制你的意识和想法——它们气势汹汹地跑进你的脑海里，赶也赶不走，但是你可以做一点儿事让它们往好的方向转变。而写作，就是帮助你快速进入这种状态的"灵丹妙药"。

所以，是我让一个对生活失望的人重燃信心的吗？不是，是写作激发了他内心不放弃的热情。是我让一个迷茫的大学生明确人生目标的吗？不是，是写作让他找到了奋斗的方向。是我让一个安于现状的中年人找到人生乐趣的吗？不是，是写作让他发现自己的兴趣所在。

在这段疗愈之旅中，幸福就在彼岸，写作是一艘渡船，而你自己，就是那个摆渡人。

刘主编

2021年10月